PROTESTA BRASIL

PROTEST

Edson Fernandes
Ricardo de Freitas Roseno

PROTESTA BRASIL

DAS REDES SOCIAIS ÀS MANIFESTAÇÕES DE RUA

1ª Edição
2013

Prata
EDITORA

São Paulo-SP
Brasil

Copyright © 2013 dos autores

Todos os direitos desta edição reservados à
Prata Editora (Prata Editora e Distribuidora Ltda.)

Editor-Chefe:
Eduardo Infante

Revisão Ortográfica:
Flávia Portellada

Capa e Projeto Gráfico:
Julio Portellada

Diagramação:
Estúdio Kenosis

Dados Internacionais de Catalogação na Publicação (CIP)
(Câmara Brasileira do Livro, SP, Brasil)

Fernandes, Edson
    Protesta Brasil : das redes sociais às manifestações de rua / Edson Fernandes, Ricardo de Freitas Roseno. — 1. ed. — São Paulo : Prata Editora, 2013.

    1. Brasil – Política e governo 2. Mídia 3. Movimentos de protesto – Brasil 4. Movimentos sociais – Brasil 5. Redes sociais I. Roseno, Ricardo de Freitas. II. Título.

13-08591   CDD-303.484

Índice para catálogo sistemático:
1. Brasil : Movimentos de protesto e as mídias sociais : Sociologia   303.484

Protesta Brasil na internet:
www.protestabrasil.net.br/
twitter.com/livroprotestaBR
facebook.com/livroprotestaBR

Prata Editora e Distribuidora
www.prataeditora.com.br
sac@prataeditora.com.br
facebook/prata editora

Todos os direitos reservados aos autores, de acordo com a legislação em vigor. Proibida a reprodução total ou parcial desta obra, por qualquer meio de reprodução ou cópia, falada, escrita ou eletrônica, inclusive transformação em apostila, textos comerciais, publicação em websites etc., sem a autorização expressa e por escrito dos autores. Os infratores estarão sujeitos às penalidades previstas na lei.

Impresso no Brasil/*Printed in Brasil*

À Margareth, meu amor e com amor!
Edson

Aos meus pais, irmãs e sobrinha por todo o amor
e ao meu companheiro de todas as horas,
Lucas, por todo o apoio.
Ricardo

Ao professor Lourenço, amigo e colaborador desta obra.
Aos que fazem do sonho a mudança.
os autores

SUMÁRIO

Introdução 9

1. A mudança começa nas redes sociais e continua nas ruas 13

2. As mídias sociais e os protestos no Brasil 25

3. Protesto, mídia e violência 51

4. Governo, o que fazer agora? representantes e representados 63

5. Ser político sem partido político 77

6. Nasce uma nova democracia no Brasil? 83

7. A ópera das ruas que canta à beira do lago 89

Milhares de manifestantes ocupam a Av. Paulista, em São Paulo, dia 17/06/2013. Manifestação organizada pelo Movimento Passe Livre, cujo objetivo era a redução das tarifas dos transportes públicos na cidade de São Paulo.

Foto: Agência Estado – Filipe Araujo/ Estadão Conteúdo

INTRODUÇÃO

Protesta Brasil é uma obra que apresenta os acontecimentos de junho de 2013 e faz uma leitura dos protestos no Brasil desse período. Mostra as manifestações populares nas ruas e pontua os principais impactos provocados no governo.

Trata de temas que abrem um leque de matérias, tais como:

- dos políticos que não representam o povo ao recuo do governo,
- do jovem nas manifestações ao papel das redes sociais nos protestos,
- da violência nas ruas aos confrontos policiais,
- das manifestações contra as emissoras de televisão à posição política dos meios de comunicação,
- dos protestos na Copa das Confederações às diferentes demandas de reivindicações populares,
- das bandeiras rejeitadas dos partidos políticos à democracia do povo nas ruas.

Enfim, temas que foram surgindo à medida que o movimento das manifestações avançava.

Conforme os protestos cresciam, o governo mostrava-se mais preocupado, os políticos ficaram atônitos e os partidos imobilizados, tentando compreender o cenário popular e se preparando para o que viria.

Acontecimentos que poderiam caber em uma década na história de qualquer país, ocorreram em menos de 30 dias no Brasil.

No início, os protestos não obtiveram o destaque merecido na imprensa, nem nas conversas de rua. Os questionamentos se colocavam mais entre os universitários ligados a movimentos políticos e nas redes sociais — quartel-general das discussões dos jovens que debatiam o problema do aumento das passagens nos transportes públicos —, somente depois as manifestações ganharam as ruas.

Nas redes sociais, o convite para participar dos protestos, e a organização do movimento se estabeleceu como um QG para muitos estudantes.

No dia 6 de junho de 2013, na cidade de São Paulo, aproximadamente 150 integrantes do Movimento Passe Livre protestaram, em frente à Prefeitura, contra o aumento de R$ 0,20 das tarifas dos transportes públicos. Parecia ser apenas um dia de agitação na cidade para quem passava na rua.

De repente, após 15 dias de manifestações, em 20 de junho, cerca de 1,5 milhão de pessoas pararam 120 cidades brasileiras.

A gota d'água que caiu no oceano e provocou o tsunami no território nacional deu-se pelo aumento das tarifas dos transportes públicos e pela violência contra os manifestantes em 13 de junho.

Pode-se considerar que a data de 20 de junho de 2013 marcou um dos maiores protestos que reuniu manifestantes em um único dia no país — o maior realizado desde o movimento dos Caras-Pintadas, de 1992 (750 mil pessoas), e equivalente em número ao movimento Diretas Já, realizado em 1984, porém, desta feita com grande repercussão mundial.

A internet, neste caso, foi a mãe de todos os jovens.

As manifestações, em sua grande maioria, tiveram como ponto de origem as redes sociais, onde estudantes se encontravam para falar de política e dos problemas sociais. No ambiente virtual, eles discutiam suas expectativas sendo frustradas no Brasil, como o desemprego, os baixos salários e o aumento dos preços dos serviços e produtos, principalmente do transporte público, meio de locomoção essencial para estudantes.

Foi, então, que eles se emanciparam e iniciaram uma série de protestos pelo Brasil. Diante disso, os políticos sentiram-se acuados e hastearam a bandeira branca derrubando projetos, votando em medidas urgentes para reformas políticas e sociais do país e apresentando uma longa pauta de propostas.

Esta obra acompanhou as mudanças, sendo escrita ao passo dos acontecimentos. Por isso é um livro "quente", contendo as informações que mudavam a cada dia.

Protesta Brasil expressa a paixão pela mudança positiva e o respeito por aqueles que fazem esta mudança.

A pesquisa da obra envolve muitas reflexões, entre elas, a mais importante de todas: a oportunidade de estar com aqueles que querem um país melhor.

Este é um livro vivo, como a dinâmica das redes sociais que pouco nos deixa respirar; e sobre isso, falaremos exaustivamente.

As redes sociais levaram as manifestações às ruas, e esta última nos trouxe a importante lição:

"Se quisermos progredir, não devemos repetir a história, mas fazer uma história nova." (*Mahatma Gandhi*)

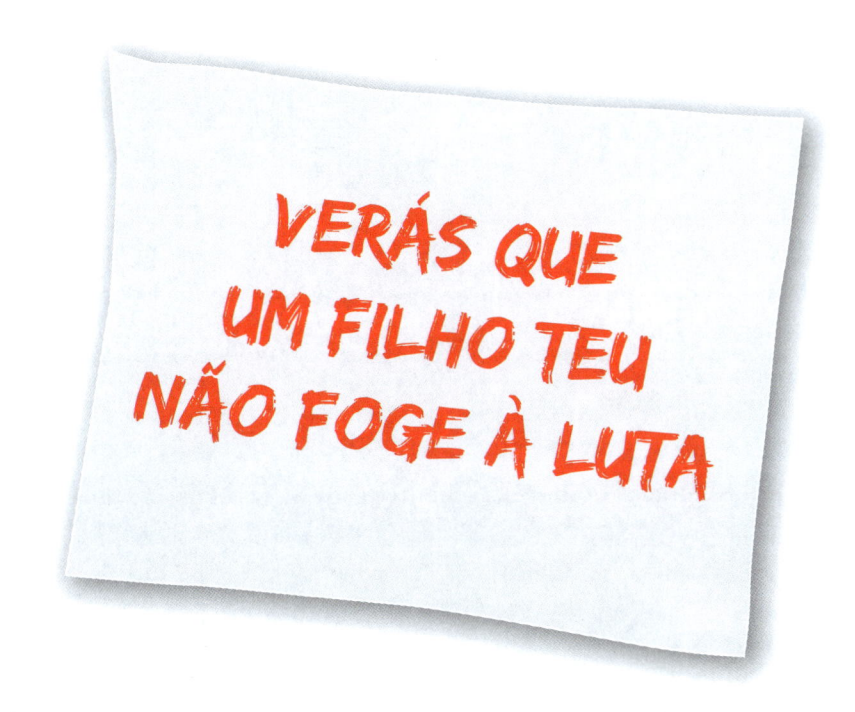

VERÁS QUE UM FILHO TEU NÃO FOGE À LUTA

"Frase em cartaz de manifestante, durante os protestos"

Avenida Presidente Vargas, no centro do Rio de Janeiro, dia 20/06/2013, completamente tomada pelos manifestantes que comemoravam a vitória pela conquista da redução das tarifas do transporte público e continuavam a marcha contra a corrupção e muitas outras reivindicações.
Foto: Agência Estado – Marcos de Paula/ Estadão conteúdo

CAPÍTULO 1

A MUDANÇA COMEÇA NAS REDES SOCIAIS E CONTINUA NAS RUAS

> "A desobediência civil em massa é uma estratégia a favor das mudanças sociais."
> *Martin Luther King Jr.*

Das redes sociais aos protestos de rua

As manifestações ocorridas no Brasil em 2013 não eram vistas há mais de vinte anos, desde as manifestações populares pelo *impeachment* do então presidente Fernando Collor de Mello, em 1992 e o movimento Diretas Já, realizado em 1984.[1]

No dia 20 de junho de 2013 foi o ápice com mais de 1,5 milhão de pessoas que protestaram nas ruas do Brasil.

Os manifestantes gritavam: "políticos e partidos não me representam". Os protestos começavam nas redes sociais, como Facebook, Twitter, Youtube e Instagram e continuavam pelas ruas das cidades brasileiras, repercutindo mundialmente.

Os ativistas digitais eram, em geral, jovens universitários, alguns ligados a partidos de esquerda, outros não eram ligados a nenhum partido, e nenhum ativista se considerava líder do movimento. Pela primeira vez na história do Brasil, um movimento social foi capaz de percorrer o territorial nacional em apenas 15 dias, mantendo-se nas capitais, no interior e nas periferias, sem que houvesse líderes, somente representantes que se alternavam.

O movimento teve apoio também de brasileiros que vivem no exterior, que realizaram manifestações de solidariedade nas ruas e em frente às embaixadas brasileiras em Nova York, Londres, Toronto, Buenos Aires, Lisboa, Tóquio, Paris, Berlim, Dublin, Barcelona e em mais de 30 cidades ao redor do mundo.

A internet era praticamente o único meio que o ativista tinha à sua disposição para discutir política, organizar protestos, articular pessoas e divulgar as manifestações pelo Brasil e pelo mundo afora de maneira ampla, atingindo milhares de usuários em um curto intervalo de tempo.

Os protestos populares impressionaram os governos e diversos setores da sociedade civil pela sua extensão e independência de organização, sem o amparo das instituições de direito público e privado.

Pessoas de todas as idades, de diferentes classes sociais e das mais diversas cidades brasileiras protestaram nas ruas. Houve a unificação do povo, unânimes no seu desejo de mudança na política brasileira. Não havia organização de partidos políticos. O cidadão comum era o ativista das manifestações.

Palavras de ordem, cartazes erguidos, rostos cobertos, violência e Hino Nacional dividiam a atenção com as estratégias políticas dos governos para controlar a situação no país.

O ato que mobilizou a nação começou com estudantes ativistas, que das discussões entre os universitários, das telas dos computadores e das mãos dos usuários de telefonia celular, passariam a ser os ativistas políticos digitais.

Há alguns anos, os ativistas do Movimento Passe Livre (MPL), realizam protestos em diversas cidades. Muitos estudantes são internautas e atuantes de movimentos, e se empenham para criar uma conscientização do fazer político e estabelecer pautas para reivindicações quanto aos problemas dos transportes públicos urbanos. Todavia, outros internautas que não pertenciam ao MPL, ou a qualquer outro movimento, demonstraram um alto grau de consciência política e de articulação para as manifestações populares acontecerem no país no decorrer do mês de junho de 2013.

De repente, do bate-papo entre amigos, namoro virtual e da trivialidade do dia a dia, milhares de pessoas falavam da revolta de se viver em uma nação com serviços públicos precários, pouco investimento na infraestrutura básica, corrupção na política, aumento das tarifas dos transportes públicos e gastos excessivos da máquina do governo.

Em um Brasil repleto de crises, o descaso dos políticos com os problemas sociais e o uso que fizeram de subterfúgios ilícitos para o favorecimento particular e partidário só poderia ferver a panela na cozinha dos governos e entornar o caldo do brasileiro.

Assim que se conectava a internet, era possível acompanhar, minuto a minuto, a movimentação dos usuários nas mídias sociais logo nas primeiras horas do dia. Mensagens vinham de todos os lados, falando de protestos que se multiplicavam em outros protestos, *posts* eram publicados e fóruns se formavam para discutir o cenário da política brasileira.

De repente, as redes sociais tornaram-se um palanque de discussões e uma ferramenta eficaz para a convocação de manifestações pelo Brasil, com um poder incontrolável que crescia a cada dia.

E o que estaria ocorrendo nos bastidores das redes sociais que mudaram o Brasil?

A internet proporciona uma liberdade de expressão jamais vista em nenhum outro meio de comunicação de massa. As pessoas se relacionam, trocam experiências e valiosas informações sobre os mais variados assuntos. Essa junção de vários ao redor de um tema ou interesse é o que forma uma *rede social*.

O surgimento das redes sociais não é exclusividade da internet, os seres humanos se relacionam e participam de determinados grupos desde os primórdios. No século XXI, apenas sofisticamos a forma de nos relacionar.

Contudo, as mídias sociais criaram uma forma *sui generis* de propagar e reclamar. Basta acessar o Facebook para ler as manifestações sobre o aumento das tarifas do transporte público, acompanhar as mensagens de descontentamento com a política e a incompetência dos serviços públicos no Twitter ou visitar um *blog* conhecido para ver os protestos sem uma pauta definida. Parece um mural de reclamações que virou um instrumento político.

O imenso volume de acessos e mensagens registradas nas redes sociais preocupou os governos, porque hoje em dia, nenhum político experiente duvida que uma faísca possa provocar um incêndio.

EDSON FERNANDES e RICARDO DE FREITAS ROSENO

A faísca e o fogo
Tudo tem um começo

Alguns protestos sobre a mobilidade urbana já vinham acontecendo no Brasil desde 2003, como em Salvador, na capital baiana. Manifestações que tinham como um dos objetivos, se opor ao aumento da tarifa do transporte público. Diante desse problema, em 2005, o Movimento Passe Livre (MPL) foi fundado na cidade de Porto Alegre, na plenária do Fórum Social Mundial.

Durante os anos que se seguiram, outras manifestações foram realizadas em diferentes cidades, em sua grande maioria, por estudantes universitários e trabalhadores que aderiram à causa. Em 2011, as reivindicações contra o aumento das tarifas dos transportes coletivos, e a favor do passe livre, provocaram reações de protestos em muitas regiões do Brasil, acentuando-se, à época, na cidade de São Paulo, em frente ao Teatro Municipal, com cerca de 4 mil manifestantes.

No dia 29 de agosto de 2012, cerca de 2 mil pessoas protestaram contra o possível aumento de vinte centavos na passagem de ônibus, na cidade de Natal. Nesse dia houve repressão por parte da polícia.

Em março de 2013, o Movimento Passe Livre protestou em Porto Alegre e alcançou rapidamente São Paulo, Belém, Curitiba, Brasília, Rio de Janeiro e Salvador.

A mídia e a população passariam a encarar as manifestações populares de uma forma jamais vista antes.

6 de junho de 2013 (quinta-feira)

Aproximadamente 150 manifestantes do Movimento Passe Livre e mais alguns, ligados a partidos de esquerda, protestaram na calçada em frente à Prefeitura na cidade de São Paulo contra o aumento das passagens dos transportes públicos e a favor do passe livre.

O grupo bradava frases de ordem, como: "mãos ao alto, 3,20 é um assalto!", e a resposta dada pela polícia foi o uso de bombas de gás lacrimogêneo e de efeito moral. Entre a densa fumaça causada pelas bombas, era possível ver alguns manifestantes fugindo, perseguidos pelos policiais.

Diante disso, a reação não foi de acuamento. Deu-se início, então, à uma tática que viria a perdurar pelos próximos dias: o fechamento das avenidas de maior circulação em horários de *rush*, o que segundo o cientista e ativista Gene Sharp, é uma maneira não violenta de enfrentar autoridades — no caso, a polícia — em regimes ditatoriais.[2]

Na manhã seguinte, a mídia divulgava o protesto, enquanto as pessoas comentavam os fatos ocorridos nas conversas informais à hora do café e no bate-papo do almoço, e os protestos passaram a circular avidamente nas redes sociais.

A faísca tinha caído no fundo de uma caixa de pólvora.

7 de junho de 2013 (sexta-feira)

No Largo da Batata, localizado no bairro de Pinheiros, na capital paulista, uma numerosa quantidade de usuários saía da Estação do Metrô Pinheiros (linha 4 – Amarela), descendo as escadas rolantes aos gritos de "o povo acordou", e partia em direção à praça, onde se reuniram cerca de 5 mil manifestantes.

Mobilizados pelos convites feitos nas redes sociais, cidadãos protestavam contra o valor do aumento da passagem.

No Largo da Batata, os manifestantes pararam uma das maiores vias de acesso em São Paulo, e novamente a polícia interviu, utilizando spray de pimenta, balas de borracha, bombas de gás lacrimogêneo e de efeito moral.

A imprensa cobria os acontecimentos em tempo real, enquanto os manifestantes bloqueavam as vias públicas. A situação ganhava um enredo de um campo de guerra urbano.

No dia 10 de junho de 2013, o Rio de Janeiro iniciaria os protestos contra o aumento da tarifa de ônibus com cerca de 300 manifestantes concentrados nas escadarias da Câmara Municipal, na Cinelândia, que seguiram pelas principais avenidas, entrando em confronto com policiais.

Durante a semana, o assunto era pauta obrigatória em todos os meios de comunicação, nas conversas de rua e nas redes sociais. A *timeline* de cada usuário do Facebook era inundada de fotos, textos, notícias, opiniões e mensagens sobre os protestos, seguidos de convites chamando as pessoas para as manifestações que viriam. O Twitter trazia atualizações em tempo real, o Instagram registrava os fatos a cada nova foto, no WhatsApp havia troca de informações e a cobertura dos acontecimentos e, no Youtube, filmes eram postados.

11 de junho de 2013 (terça-feira)

Depois de muitos debates nas redes sociais e nas ruas, compartilhamentos *online*, *likes* e convites, as manifestações haviam se organizado. Segundo pesquisa do Ibope – Instituto Brasileiro de Opinião Pública e Estatística, 78% dos manifestantes em todo o país foram mobilizados pela internet.[3]

Dessa mobilização, mais de 12 mil pessoas compareceriam ao ato público, em São Paulo, que começou de forma pacífica, com os manifestantes descendo a Rua da Consolação. Porém, ao chegarem ao terminal de ônibus Parque Dom Pedro II, a Tropa de Choque impediu que os manifestantes entrassem no local; mais uma vez, com o uso de balas de borracha, bombas de gás lacrimogênio e de efeito moral. Houve um intenso confronto entre os manifestantes e a polícia. Grupos extremistas iniciaram uma série de atos de vandalismo, quebrando ônibus, agências bancárias, pichando prédios e automóveis, intensificando a reação dos policiais, que revidavam.

Segundo a pesquisa do Ibope, a grande massa não compactua com esse tipo de atitude — 66% dos entrevistados, declararam que atos de vandalismo não são justificados, 28% acham que tais atos são justificados em certas circunstâncias e apenas 5% acreditam que atos de vandalismo sempre são justificados.[4]

Os confrontos entre grupos de manifestantes e policiais continuariam e os protestos se espalhariam pelo país.

13 de junho de 2013 (quinta-feira)

Nesse dia, protestos foram realizados em Natal, Porto Alegre, Santarém, Maceió, Rio de Janeiro, Sorocaba e São Paulo. Os cidadãos, em geral, ora assustados, ora incomodados, tentavam compreender os fatos. Parte da mídia tradicional rotulava os manifestantes como vilões, enquanto outra criticava as ações da polícia, caracterizando-a de "polícia militarizada", herdeira das ações oriundas do golpe militar no Brasil, em 1964.

Em São Paulo, 5 mil pessoas se reuniram para protestar. A polícia montou um forte esquema de segurança: cerca de 300 pessoas foram presas, e destas, 100 foram detidas para "averiguação" — prática exercida pela ditadura militar no Brasil durante os "anos de chumbo" —, incluindo o repórter da Carta Capital, Piero Locatelli, preso portando vinagre na bolsa (substância legalmente permitida no Brasil) e o fotógrafo do Portal Terra, Fernando Borges.

A ordem dada à PM e ao Batalhão de Choque era manter a Avenida Paulista, palco principal das manifestações, resguardada de qualquer tipo de protesto. Mas um grupo de manifestantes insistiu em seguir até lá pela Rua da Consolação, depois da concentração na Praça Roosevelt, onde o ato deveria terminar.

O cordão de isolamento foi rompido, e uma guerra urbana se formou. Vários jornalistas e manifestantes foram alvejados por balas de borracha, atingidos por *spray* de pimenta no rosto e intoxicados com gás lacrimogêneo. Bombas e tiros disparados, indiscriminadamente, contra a multidão. Muitas pessoas ficaram feridas, algumas gravemente. Pessoas que sequer participavam do protesto, mas estavam nos arredores, em lojas e bares, também sofriam agressões por parte dos policiais. Não havia distinção entre imprensa, manifestante e transeunte. Qualquer um que estivesse próximo era atingido.

Ao todo, sete jornalistas foram feridos, dentre os quais a repórter Juliana Vallone, da Folha de São Paulo – TV Folha, atingida no olho direito por um tiro de borracha disparado por um policial militar, ficando gravemente ferida.

No dia seguinte, as ações policiais foram duramente criticadas pela população, pelo governo e pela imprensa nacional e internacional. Os registros das agressões estampavam as capas de revistas e jornais mais importantes do Brasil e do mundo.

A (ONG) Organização Não Governamental Anistia Internacional publicou uma nota repudiando a violência sofrida pelos manifestantes populares e pelos profissionais de comunicação.

A pesquisa do ibope apontou que mais da metade das pessoas nas manifestações (57%) apontaram as ações da polícia como excessivamente violentas, 24% acharam as ações violentas, mas sem exageros e 15% das pessoas não consideraram as ações violentas.[5]

A posição dos veículos de comunicação mais conservadores se alterou, e duras críticas foram feitas às ações violentas e ao despreparo da polícia que reagiu contra os manifestantes. Esse evento daria início ao crescimento exponencial do número de protestos e manifestações em diferentes regiões do país.

As chamas da mudança
17 de junho de 2013 (segunda-feira)

Nos quatro dias que se seguiram, a repercussão da violência, o comportamento da mídia, a sensibilidade e identificação das pessoas com as manifestações, além da insatisfação da população com relação à política dos governos, desencadearam uma nova fase dos protestos.

Desta vez, os atos públicos foram marcados por cartazes de manifestantes pedindo paz. A Tropa de Choque agiria apenas em caso de extrema necessidade, mantendo a segurança dos manifestantes durante os protestos.

Houve confronto violento entre policiais e grupos que se destacavam da multidão pacífica, praticando saques e atentados ao patrimônio público e privado, mas os manifestantes pacíficos também acabavam sendo atingidos pela violência.

Nessa segunda fase, a mídia realizou uma cobertura em nível nacional, observando o comportamento dos manifestantes, as reivindicações, a ação policial e os atos de violência contra grupos radicais, diferentemente do que havia acontecido em 13 de junho.

As novas reivindicações dos manifestantes também chamavam a atenção, pela diversidade de pautas, desde protestos contra os Projetos PEC 37 e cura-gay[6] à indignação contra os gastos nos estádios de futebol utilizados para a Copa das Confederações, que somavam 28 bilhões de reais e com investimentos projetados para a Copa do Mundo, ultrapassando a casa dos 33 bilhões de reais.

Aproximadamente 28 cidades[7] foram palco de protestos nas ruas. Os protestos pelo Brasil somariam mais de 300 mil participantes.

Em Brasília, manifestantes ocuparam a Esplanada dos Ministérios, subiram a rampa e invadiram o teto do Congresso Nacional, como demonstração de força e poder.

A imprensa no Brasil e os principais jornais do mundo divulgaram as notícias, não mais como um movimento isolado, mas de cunho nacional.

Enquanto a mídia tradicional mostrava as cenas do alto de seus helicópteros, pessoas e jornalistas compartilhavam outras mais dramáticas nas ruas, a violência nos confrontos, que quase sempre começava com pequenos grupos de vândalos e se alastrava pela multidão.

Pela internet, foi compartilhada amplamente uma série de orientações jurídicas, destinada às pessoas que fossem participar dos protestos. Nas redes sociais circulou uma espécie de "manual"[8] das manifestações, divulgado antes da passeata.

As redes sociais recebiam um volume incrível de atualizações com fotos, vídeos e mensagens relacionadas aos protestos. Segundo pesquisa, os comentários das manifestações foram realizados através da internet nas seguintes proporções: Twitter 65%, Facebook 27%, Blogs 5%, Youtube 2% e Instagram 1%.[9]

Entre 17 e 21 de junho de 2013, as manifestações tornaram-se diárias nas diferentes regiões do Brasil, a tal ponto que seria difícil acompanhá-las descritivamente em seus detalhes.

18 de junho de 2013 (terça-feira)

No dia 18 de junho de 2013, mais de 15 estados brasileiros voltavam às ruas. Alguns em solidariedade aos manifestantes paulistanos que tinham sido presos e sofrido agressões; outros reivindicando a reforma política e social do Brasil.

Em São Paulo, 50 mil pessoas se reuniram na Praça da Sé, marco zero da cidade, seguindo em direção à Avenida Paulista. Houve confusão e violência nos protestos.

A imprensa apressava-se para mostrar as manifestações de caráter popular em várias cidades do Brasil, enquanto a presidenta Dilma Rousseff fazia um pronunciamento em cadeia nacional, o primeiro desde o início da onda de protestos, afirmando em seu discurso: "Hoje, o Brasil acordou mais forte".

Na primeira pesquisa do Ibope, feita entre 15 e 17 de junho, 60% dos entrevistados acreditavam que os protestos continuariam até a redução das tarifas dos transportes públicos e 33%[10] acreditavam que os protestos permaneceriam mesmo após a redução das tarifas.

20 de junho de 2013 (quinta-feira)

Nos dias subsequentes, muitas cidades conquistaram a redução na tarifa dos transportes públicos. No Rio de Janeiro e em São Paulo, a notícia foi divulgada no dia 19 de junho de 2013.

Apesar da redução da tarifa ter dado lugar a outras reclamações na pauta das reivindicações dos protestos, o fato foi amplamente comemorado em clima de festa pelos ativistas, como um símbolo da conquista do Movimento Passe Livre.

A partir dali seria evidente que nenhum ativista, governo ou qualquer setor da sociedade organizada teriam controle sobre os acontecimentos.

Os protestos tomaram uma proporção incalculável, mais de 120 cidades brasileiras se manifestaram e cerca de 1,5 milhão de pessoas saíram às ruas, com dezenas de reivindicações escritas em faixas e cartazes.

Houve confrontos isolados com grupos menores de manifestantes e policiais em diversas cidades; ao mesmo tempo, atos de paz eram realizados pelos manifestantes, muitos portando flores nas mãos e outros que levavam seus filhos, caminhando pacificamente pela passeata.

Bandeiras de partidos políticos foram queimadas e manifestantes partidários hostilizados, alguns jornalistas não eram bem recebidos por certos manifestantes, tumultos e discussões aconteciam enquanto o Hino Nacional embalava a marcha dos manifestantes.

A pesquisa do Ibope apontou que 89% das pessoas nas manifestações não se sentiam representadas por nenhum partido político ou qualquer partido político, individualmente, e 96% não eram afiliados a qualquer partido.

Durante os protestos, do alto dos prédios residenciais ou comerciais, as pessoas jogavam papéis picados, acendiam as luzes e aplaudiam os manifestantes que passavam.

No Rio de Janeiro, 300 mil pessoas saíram às ruas, inicialmente com uma postura pacífica, mas quando grupos de saqueadores e outros indivíduos passaram a depredar o patrimônio público e privado, houve confronto com os policiais e a equipe do BOPE (Batalhão de Operações Policiais Especiais).

Neste dia, era como se a população tivesse tomado o Brasil nas mãos.

Após 20 de Junho de 2013

No dia seguinte, a presidenta Dilma Rousseff fez um pronunciamento à nação, e declarou: "As manifestações desta semana trouxeram importantes lições". No discurso, incluiu propostas emergentes, como o plano de mobilidade urbana e as reformas nos setores de educação e saúde.

Depois disso, nos dias subsequentes, vários protestos se espalharam pelo país, trazendo à tona requisições de várias entidades de classe.

Houve manifestações populares em diversas cidades brasileiras e nas periferias, com as mais variadas reivindicações. Tornou-se comum aos cidadãos e às categorias de trabalhadores paralisarem estradas, como fez o sindicato dos caminhoneiros. Além disso, protestos eram realizados ao redor dos estádios que sediaram a Copa das Confederações.

Várias pessoas morreram durante os protestos realizados — algumas vítimas de violência ou intoxicadas por gás lacrimogêneo, outras atropeladas e uma na queda de um viaduto.

O governo federal e o Congresso Nacional se mobilizaram com discursos e medidas emergenciais, a duras penas votaram projetos, como resposta aos protestos populares. A PEC-37 foi derrubada em 25 de junho, pela Câmara dos Deputados com esmagadora maioria. O Projeto "cura-gay" foi arquivado e o presidente da Câmara, Renan Calheiros, apresentou uma série de pautas que serão discutidas pela casa, no mês de julho, já que as férias dos deputados foram suspensas.

Parlamentares, deputados, senadores, partidos aliados e oposição conflitavam a respeito de pautas e declarações presidenciais. Uma batalha política se instalou em Brasília. Alguns projetos foram votados e outros arquivados. Medidas anunciadas pela presidência tomaram o rumo de encontros e desencontros.

No dia 9 de julho, senadores tentaram derrubar a PEC (Proposta de Emenda à Constituição) que alterava as regras para suplência, mas depois que as redes sociais e a mídia denunciaram o ocorrido, eles voltaram atrás, e no dia seguinte, aprovaram o projeto original que impede parentes de até primeiro e segundo graus de serem os suplentes de qualquer Senador.

Parece que os políticos em Brasília acordaram atropelados por um caminhão do tamanho do Brasil.

QUERO SAÚDE E EDUCAÇÃO NO PADRÃO FIFA

"Frase em cartaz de manifestante, durante os protestos"

Protesto em Brasília-DF, dia 17/06/2013. Os manifestantes tomaram os jardins do Congresso Nacional e, depois, ocuparam completamente a área das cúpulas e as rampas de acesso. A corrupção e os gastos excessivos com a Copa do Mundo de 2014 eram algumas das principais razões dos protestos.
Foto: *Agência Estado – Dida Sampaio/ Estadão Conteúdo*

CAPÍTULO 2
AS MÍDIAS SOCIAIS E OS PROTESTOS NO BRASIL

> "Nas favelas, no senado
> Sujeira pra todo lado
> Ninguém respeita a constituição
> Mas todos acreditam no futuro da nação
> Que país é este?
> (...)."
> *Que país é este? Música de Renato Russo (1978)*

Da modernidade à pós-modernidade

No mundo digital as gerações romperam as distâncias. No Brasil as gerações romperam o silêncio.

A internet conectou o indivíduo ao mundo. Os protestos conectaram o brasileiro à nação.

A globalização criou uma nova economia no mundo. As manifestações criaram um novo país no Brasil.

Depois dos protestos que mobilizaram o país, quem é esse Brasil?

Ninguém imaginaria que as redes sociais, lugar em que se conversa sobre coisas tão comuns, como música, política, religião, sexo, culinária ou futebol, servisse de espaço para pressionar o governo a começar uma reforma política no Brasil.

Tampouco poderíamos supor que a "voz" dos usuários nas mídias sociais, levadas às ruas, fosse ouvida pelos governantes.

E muito menos que a população brasileira fosse protestar, gritar e cantar o Hino Nacional nas ruas depois de vinte anos presa ao limbo do esquecimento dos grandes movimentos políticos e sociais que marcaram a história do Brasil.

Ninguém imaginou que o brasileiro não fosse tão pacífico assim.

Homens e mulheres começaram a se organizar. Jovens estudantes que nunca haviam se visto ou falado, se encontraram por um meio de comunicação digital, e se identificaram com uma causa.

Para melhor discutirmos o assunto, precisamos apresentar dois conceitos importantes: o mundo moderno e o mundo pós-moderno.

O tema em si é complexo e amplo, debatido por muitos autores e pesquisadores que se posicionam contra e a favor do que foi criado na pós-modernidade — que, para alguns, começou após a globalização e com as novas tecnologias.

Nesta obra não seria possível apresentar tantas opiniões diferentes, com o grau de profundidade que o tema mereceria ser tratado, e tampouco seria este o seu propósito. Porém, neste capítulo serão levantados alguns aspectos que poderão servir de reflexão ao leitor sobre os jovens e o papel das mídias sociais que atualmente marcaram o Brasil.

No projeto do mundo moderno, as relações sociais tinham uma característica duradoura, na sua forma sólida de laços indissolúveis, as amizades eram de longa data com reduzido número de amigos, consolidadas por valores estáveis. A economia era vista como poder local de uma nação, e não global, como nos dias de hoje. O capitalismo clássico fundamentava-se em controlar a tudo, servindo aos propósitos do Estado.

Todavia, esse *status* econômico e de governabilidade individual da nação perdeu seu lugar no mundo globalizado, e as relações humanas sofreram profundas mudanças com as redes sociais de comunicação e surgiram diferentes valores de comportamento individual e social no século XXI.

De certa forma, podemos dizer que a globalização e a tecnologia nos empurraram para fora da era moderna. O mundo seguro, controlado, previsível, regado de certezas e ordenado racionalmente ao qual havíamos nos acostumado, não existia mais.

Desse modo, construímos um mundo com uma maneira diferente de viver. Entre os inúmeros aspectos que compõem o cenário da pós-modernidade, as mídias sociais representam uma das principais peças desse gigantesco quebra-cabeça.

O sociólogo polonês Zygmunt Bauman faz referências a dois tipos de sociedades, a primeira chamada de "sociedade sólida" e a segunda de "sociedade líquida".

- A sociedade sólida era o motor do mundo moderno, oriunda do capitalismo clássico, caminhava por territórios que podiam ser previstos. Estado-Nações criavam categorias e sistemas de controle, eliminando a ambivalência e permitindo que os acontecimentos fossem conhecidos. Assim, semeavam um sistema social, econômico e político que poderia ser entendido e controlado de maneira sólida.

- Na pós-modernidade líquida, as relações capitalistas deixam de ser locais e passam a ser globais. Fusões empresariais são feitas, acordos internacionais com países são realizados na arena global, megaempresas fazem manobras políticas e nas corporações não há um único patrão — são diferentes investidores-proprietários — "os patrões ausentes". Enquanto isso, as mídias sociais se consolidavam como o mais popular meio utilizado, criando uma sociedade virtual de relacionamentos e construindo uma sociedade líquida instável e dinâmica, escorrendo como a água através dos dedos da mão.

Por outro lado, na modernidade a ciência nos oferecia instrumentos e técnicas para tornar o mundo "o melhor possível de se viver". Uma promessa de qualidade de vida que vinha com uma ordem social planejada e controlada. Aquele mundo nos dava esperanças e certezas sobre o amanhã. A sensação que tínhamos era que ao acordarmos, o mundo estaria tal como o havíamos conhecido no dia anterior.

Com a globalização, a modernidade sólida derreteu como um cubo de gelo aquecido, as certezas não existiram mais, transformando o sistema antes controlado e duradouro em instável, dinâmico, imprevisível e incontrolável.

A lei do maior que engole o menor foi legitimada na sociedade pós-moderna e os relacionamentos sociais se intensificaram em um mundo virtual.

Na pós-modernidade, a sociedade líquida vê a oportunidade do consumo sem limites. O que importa não é necessariamente ter o dinheiro, mas o que esse dinheiro irá comprar. O dinheiro é substituído pelo cartão de crédito.[11]

E as relações sólidas — que antes se configuravam no mundo moderno como um círculo fechado de amigos e proporcionavam segurança à família em seu estado indissolúvel — passaram a ser voláteis em uma sociedade de rede, tornando-se fragilizadas por separações, acarretando várias consequências. Atualmente temos cerca de 22 milhões de mulheres sustentando os lares no país, os casais sem filhos chegam a 20,2% no Brasil[12] e o que antes podíamos chamar de romance, hoje dura uma noite.

O homem pós-moderno envia cartões de Natal para os amigos com um clique no computador e "curte" o aniversário de alguém na página do Facebook. Tornamos as relações instáveis, fluidas e dinâmicas, deletando e aceitando amigos todos os dias.

Conversamos menos com as pessoas hoje do que há vinte anos e conversamos com muito mais pessoas em um só dia do que no passado.

Um estudante de 17 anos de idade, chamado Jimmy Carreiro Lima, convidou 1.400 pessoas de uma rede social para participarem de um protesto contra a corrupção do sistema público. Em três dias, o convite eletrônico havia alcançado 200 mil pessoas. Em 17 de junho de 2013, 15 mil pessoas se reuniram em Brasília; o dia marcou a ocupação da Esplanada dos Ministérios e manifestantes subiram a rampa do Congresso Nacional. A presidenta Dilma Rousseff anunciou que receberia Jimmy.[13]

O garoto virou uma celebridade nacional com tantos acessos ao convite que representou a semente dos protestos, de 17 de junho na capital federal, chamando a atenção até da presidenta.

Aqui há dois elementos que se destacam: o primeiro é que Jimmy postou o convite um dia depois dos protestos que culminaram com extrema violência entre manifestantes e a polícia, criando uma comoção nacional; e o segundo é que a mensagem era tão diversificada para interpretações, com palavras-chave como "o roubo, a corrupção, o sistema público corrompido", que motivou os internautas a aceitarem o convite.

Se quatro dias foram suficientes para o adolescente promover um evento político, então o objetivo comum entre as pessoas e o tipo de relação humana da sociedade líquida na pós-modernidade são ingredientes essenciais para o impacto da mensagem digital de Jimmy.

Assim, as relações pessoais deixaram de ser duradouras e tornaram-se mais diretas e funcionais, transmitindo velocidade no relacionamento entre os usuários e se espalhando como a água em uma superfície lisa.

Mas as mídias sociais na era pós-moderna criaram tantas interações, entre indivíduos conhecidos e desconhecidos, como também de grupos, sendo possível concluir que as pessoas se relacionam em sociedade fisicamente e virtualmente, ao mesmo tempo, como jamais haviam feito na história.

Podemos incluir novas amizades todos os dias e encontrar amigos que não vemos há anos nas redes sociais. Enviamos e recebemos mensagens com facilidade. É uma era que está aberta ao relacionamento, e com muito mais diversidade, do que no passado.

O mundo pós-moderno é um mundo de paradoxos!

A voz que vem das mídias sociais

Durante os protestos que se seguiram pelo Brasil, as redes sociais serviram de ferramenta. A propagação das informações era rápida e se espalhava em razão exponencial. Aquilo que poderia ser previsível na modernidade tornou-se imprevisível e incontrolável na pós-modernidade.

Havia uma grande quantidade de mensagens enviadas e recebidas que circulavam em inúmeras regiões do país. A facilidade para distribuir informações entre usuários criou um ritmo acelerado e multiplicador dos protestos. De uma hora para outra, uma manifestação estava marcada com milhares de pessoas, sem que fosse possível antever os acontecimentos.

O paulista Renan Fernandes, um estudante de direito de 22 anos de idade, organizou um abaixo-assinado para protestar contra a violência da polícia durante as manifestações — em cerca de 1 hora, o texto redigido receberia 1.000 assinaturas, quase três segundos e meio por assinatura.[14]

Na pós-modernidade ter uma informação não basta. A distribuição da informação passa a ser uma das forças de interação social, demonstrando a capacidade de reunir um grande número de pessoas em um curto intervalo de tempo.

Assim, mal iniciava o período da manhã e já havia mensagens postadas de um protesto na rede marcado para a parte da tarde. Um protesto que bloquearia uma estrada e depois uma avenida. Por volta das 4 da tarde, várias pessoas já se encontravam no local com cartazes, segurando máscaras nas mãos e com a bandeira brasileira às costas. Uma hora depois, a multidão se aglomerava gritando, cantando e entoando o Hino Nacional. Em poucos minutos, ruas, avenidas e estradas estavam tomadas.

Os celulares das pessoas que protestavam registravam os fatos, dividindo espaço com repórteres no meio da multidão, postando e enviando as imagens em tempo real pela internet, superando, e muito, a velocidade da informação da mídia tradicional.

Nas redes sociais, os convites para a participação de uma manifestação popular vinham com comentários de usuários, que respondiam e propunham ideias para o trajeto da passeata em grande quantidade.

Era praticamente impossível ler todas as mensagens em um único dia.

E ainda, mais impressionante: não havia líderes do movimento ou lideranças que pudessem negociar com os governantes e dirimir as dúvidas da mídia. Quando muito, surgiam apenas alguns representantes e ativistas de esquerda, mas não havia informações suficientes sobre o que aconteceria.

A pós-modernidade é tão acêntrica — sem um ponto central para onde tudo converge —, que não há hierarquia de mando, com líderes orientando os liderados, centralizando informações e decisões.

A liderança nas manifestações tinha a forma líquida da pós-modernidade, passava de um indivíduo para outro, correndo em fios de gota a gota, até verter em uma tromba d'água. As ações dos manifestantes não eram controladas por um único líder ou grupo de líderes. Por isso, não havia um ou mais atores no comando dos protestos, como era de se esperar.

Atualmente, há outro paradigma do movimento social que está em jogo, implicando em um novo modelo de fazer política no Brasil, resultando em uma nova forma de democracia, oriunda das manifestações populares.

O que é muito positivo, porque não há um indivíduo ou grupos interferindo no processo da livre expressão. Não há atores que manipulam ou conduzam o movimento. Esse senso de liberdade para poder caminhar e protestar com as próprias ideias sem sofrer o controle externo ou a interferência dissimulada de alguém ou de um grupo, mentindo ou escondendo a verdade e visando interesses próprios, é uma emancipação sobre a autonomia de si mesmo, do manifestante que se expressa como cidadão consciente de seu papel na sociedade, se conduz com os próprios ideais, e cria em si o pensamento da coletividade e a base da luta pela mudança política e social.

E como foi citado por Renato Russo: "Nunca deixe que lhe digam que não vale a pena acreditar nos seus sonhos [...]".

Facebook/livroprotestaBR

Apesar da manifestação de 6 de junho de 2013, em São Paulo, ser considerada a faísca dos protestos, algumas fagulhas já tinham começado em outros estados. O mapa mostra a sequência dos acontecimentos pelo Brasil e alguns dados sobre as manifestações em cada um deles.

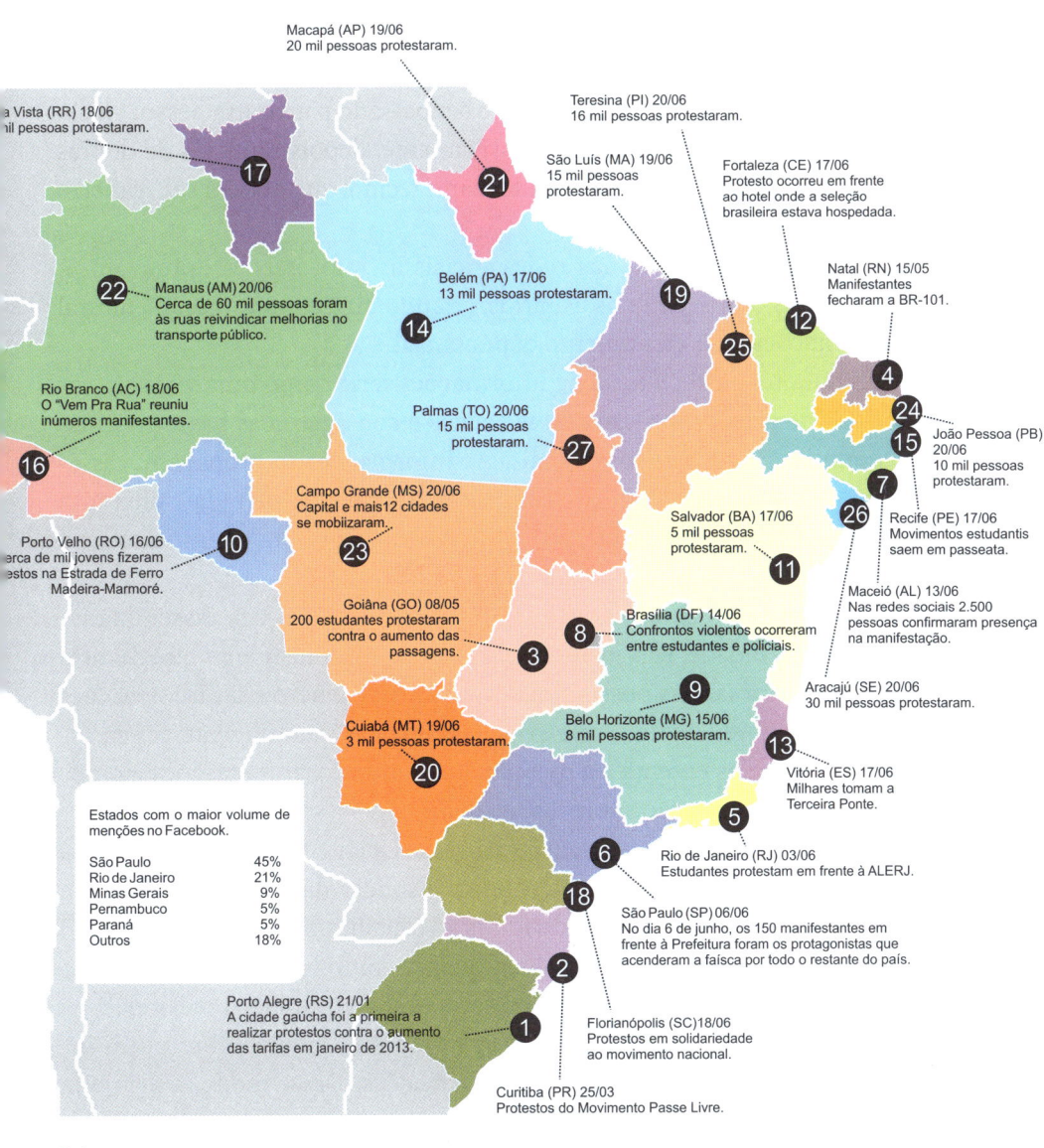

Macapá (AP) 19/06
20 mil pessoas protestaram.

Teresina (PI) 20/06
16 mil pessoas protestaram.

Boa Vista (RR) 18/06
mil pessoas protestaram.

São Luís (MA) 19/06
15 mil pessoas protestaram.

Fortaleza (CE) 17/06
Protesto ocorreu em frente ao hotel onde a seleção brasileira estava hospedada.

Manaus (AM) 20/06
Cerca de 60 mil pessoas foram às ruas reivindicar melhorias no transporte público.

Belém (PA) 17/06
13 mil pessoas protestaram.

Natal (RN) 15/05
Manifestantes fecharam a BR-101.

Rio Branco (AC) 18/06
O "Vem Pra Rua" reuniu inúmeros manifestantes.

Palmas (TO) 20/06
15 mil pessoas protestaram.

João Pessoa (PB) 20/06
10 mil pessoas protestaram.

Porto Velho (RO) 16/06
cerca de mil jovens fizeram estos na Estrada de Ferro Madeira-Marmoré.

Campo Grande (MS) 20/06
Capital e mais 12 cidades se mobilizaram.

Salvador (BA) 17/06
5 mil pessoas protestaram.

Recife (PE) 17/06
Movimentos estudantis saem em passeata.

Goiâna (GO) 08/05
200 estudantes protestaram contra o aumento das passagens.

Brasília (DF) 14/06
Confrontos violentos ocorreram entre estudantes e policiais.

Maceió (AL) 13/06
Nas redes sociais 2.500 pessoas confirmaram presença na manifestação.

Cuiabá (MT) 19/06
3 mil pessoas protestaram.

Belo Horizonte (MG) 15/06
8 mil pessoas protestaram.

Aracajú (SE) 20/06
30 mil pessoas protestaram.

Vitória (ES) 17/06
Milhares tomam a Terceira Ponte.

Rio de Janeiro (RJ) 03/06
Estudantes protestam em frente à ALERJ.

São Paulo (SP) 06/06
No dia 6 de junho, os 150 manifestantes em frente à Prefeitura foram os protagonistas que acenderam a faísca por todo o restante do país.

Porto Alegre (RS) 21/01
A cidade gaúcha foi a primeira a realizar protestos contra o aumento das tarifas em janeiro de 2013.

Florianópolis (SC) 18/06
Protestos em solidariedade ao movimento nacional.

Curitiba (PR) 25/03
Protestos do Movimento Passe Livre.

Estados com o maior volume de menções no Facebook.

São Paulo	45%
Rio de Janeiro	21%
Minas Gerais	9%
Pernambuco	5%
Paraná	5%
Outros	18%

Fontes:
Revista Época, nº 2275, pgs. 82 e 83, 2013,
O Estado de S. Paulo, Folha de S. Paulo,
Portal Uol,
Portal G1,
Ideas Scup.

Sequência dos acontecimentos por Estado.

1. Porto Alegre (RS)
2. Curitiba (PR)
3. Goiânia (GO)
4. Natal (RN)
5. Rio de Janeiro (RJ)
6. São Paulo (SP)
7. Maceió (AL)
8. Brasília (DF)
9. Belo Horizonte (MG)
10. Porto Velho (RO)
11. Salvador (BA)
12. Fortaleza (CE)
13. Vitória (ES)
14. Belém (PA)
15. Recife (PE)
16. Rio Branco (AC)
17. Boa Vista (RR)
18. Florianópolis (SC)
19. São Luís (MA)
20. Cuiabá (MT)
21. Macapá (AP)
22. Manaus (AM)
23. Campo Grande (MS)
24. João Pessoa (PB)
25. Teresina (PI)
26. Aracajú (SE)
27. Palmas (TO)

A dobra que virou protesto

A forma de comunicação feita nas mídias sociais é inovadora. A informação do usuário atravessa a rede de comunicação, dobrando-se sobre outra informação já existente. Algo que chamaremos de "dobra da informação".

Vamos imaginar um tecido, que ao ser passado para outra pessoa, receberá a primeira dobra, e assim sucessivamente, depois centenas de dobras se multiplicarão sobre ela, até uma fechar o tecido, que poderá ser reaberto a qualquer momento.

Durante os protestos nas redes sociais as informações dobravam-se umas sobre as outras entre os usuários, criando uma contaminação cultural de informações com crescimento exponencial.

A contaminação cultural de informações seria como uma virose, a informação penetraria nas estruturas sociais e contagiaria as bases contidas da comunicação dos meios digitais. As informações se propagam, disseminando-se pela sociedade, podendo ser totalmente alteradas, alteradas parcialmente ou permanecer intactas. Para haver a dobra da informação é preciso flexibilidade e maleabilidade.

Não é possível controlar a quantidade de informações disseminadas na pós-modernidade, elas jorram pela rede como um *tsunami* que devasta uma cidade. Apesar das possibilidades de monitoramento das informações com controladores digitais, que criam estatísticas quantitativas, ainda assim, não podemos entender a direção qualitativa das informações e o poder de impacto que terão sobre a sociedade.

O movimento da comunicação na rede social é feito por um sistema de "dobras de informações" que derretem a solidez das estruturas sociais e contaminam as opiniões dos indivíduos ao espalhar-se entre os usuários.

O filósofo Gilles Deleuze coloca que, no mundo: "Cada movimento percorre todo o plano, fazendo um retorno imediato sobre si mesmo".[15]

Cada informação que se movimenta faz uma dobra sobre outra informação, criando novas dobras de informações. Desse modo, a primeira informação que começa com a mensagem de um usuário na internet adquire proporções incalculáveis quando distribuída e vista por milhares de pessoas, como no caso dos estudantes Jimmy e Renan, que mobilizaram inúmeros internautas, fechando a dobra da informação com o evento do protesto e com a assinatura do abaixo-assinado. Não apenas distribuindo informações, mas influenciando as opiniões de diferentes usuários da rede, que recebiam e respondiam às mensagens, e por sua vez influenciavam outros tantos usuários.

A informação se transforma pela mobilidade ao circular nas mídias sociais. A multiplicidade e o dinamismo são tão contundentes que nos deixam inseguros, sem sabermos qual será o impacto das mensagens.

A mobilização social desses dois estudantes — um deles com 15 mil manifestantes reunidos em Brasília e o outro com um número de 1.000 assinaturas no abaixo-assinado em somente uma hora —, sugere enormes quantidades de dobras de informações entre usuários, que desafiam qualquer princípio de comunicação da modernidade.

Ainda que não fosse possível resumir todas as insatisfações dos protestos, o desenho da dobra final da mensagem cria um cenário do que seria feito naquele dia.

Essa dobra segue por um espaço, que não é o espaço da realidade virtual, mas o espaço da *realidade do virtual*.

O mundo virtual passa a ser realidade como uma semente que contém em si a potência de crescer e se tornar uma árvore, mas ainda assim é uma semente, uma informação em forma de potência. Por isso, a realidade do virtual está em permanente mudança. Ela é a potência que não cessa, porque nunca alcança sua finalidade última: deixar de ser virtual.

Vive como uma eterna semente que não precisa ser plantada para tornar-se árvore, ela já é uma árvore antes mesmo de nascer. Como a informação que é passada aos usuários pelas redes sociais, que começa como uma mensagem, e em pouco tempo passa a ser um denso conjunto de pessoas espalhadas protestando pelas ruas. Os retalhos do tecido da informação são costurados pela interação dos usuários na internet.

Nômade Digital – o ativista das redes sociais

Então, onde está a semente dos protestos, que atingiu tamanha repercussão no país?

Está no território nômade.[16]

É no território nômade que o espaço do livre trânsito entre usuários movimenta as redes sociais. Os nômades digitais não têm um lugar fixo estabelecido, ao contrário, há centenas de lugares a percorrer e nenhum para fazer estação.

O nômade, por definição, não tem residência fixa para morar. Está permanentemente mudando de lugar, sem raízes definitivas.[17] O internauta é um nômade que vagueia pelo espaço virtual de um endereço digital para outro. Não há um único destino em sua rota. Quando ele envia uma mensagem para milhares de pessoas, simultaneamente, está conectado com tantos usuários, que não é mais possível saber para onde ele foi.

Conforme Gilles Deleuze e Félix Guattari, o território nômade é um espaço liso, sem fronteiras, assim como o deserto e a estepe para o peregrino.

Nas mídias sociais o usuário é um nômade.

O território nômade do usuário é liso em estado líquido, porque não tem barreiras, e é definido como o "meio", pois ele transita de um lugar para outro. Os internautas, em seus meios, movimentam-se na internet, assim como um nômade beduíno se move no deserto.

Deleuze conceitua a ideia do movimento nômade como um "absoluto local". Assim, o absoluto, que está no mundo globalizado da pós-modernidade, é a morada do nômade que se manifesta localmente em uma região, e nesse local o usuário da internet expressa globalmente suas ideias para tantos outros.

A linguagem dos internautas nas redes sociais, principalmente dos ativistas digitais, era sucinta e atraente. Ao resumir suas ideias, propostas ou convites para outros usuários participarem de protestos, ele condensava de modo objetivo e direto o que queria dizer. Esta é uma maneira prática de atingir, de forma global, em um curto intervalo de tempo, milhares de pessoas.

Por princípio, o usuário das mídias sociais é um nômade potencial da comunicação global, que utiliza os meios digitais para além do seu mundo particular, projetando-o para fora de sua morada. É o usuário que navega, se relacionando com uma sociedade virtual, trocando mensagens com milhares de outros usuários.

Para Deleuze, diferente do homem nômade, existe o homem chamado de "sedentário".

Sedentário é aquele que tem morada fixa e cria raízes profundas. Marca seus territórios com estacas, arames farpados e muros altos, delimitando o espaço de seu habitat, próprio do homem moderno.

Ao marcar um território, o homem sedentário está delimitando o seu poder. No caso das guerras, uma nação conquista o território de outra pela violência. Para um homem dominar outro homem ou se apossar do território alheio — como os portugueses e espanhóis que expulsaram os povos indígenas de suas terras —, o homem sedentário precisa demonstrar sua força, normalmente pelo uso da violência.

Ao contrário do homem sedentário, o nômade não possui território definido, porque ele abandona um território e vai para outro, não se parecendo em nada com a permanência física do homem sedentário, que não deseja abandonar sua terra. O nômade rompe com uma vida de certezas e caminha em direção ao imprevisível.

Na pós-modernidade, o nômade se tornou o usuário digital no século XXI.

As comunicações nas mídias sociais, que tanto influenciaram as atuais manifestações no Brasil, se caracterizaram pela ação de milhões de nômades conectados, distribuindo informações e interagindo entre si.

O espaço público tornou-se o encontro entre o mundo virtual e o local físico, onde o poder do nômade digital é representado pelos jovens internautas que ameaçaram e encurralaram o poder do governo. Os políticos, presos a territórios demarcados por suas leis, mapearam seu poder de ação. E seria com esse poder legislado que os políticos se agarrariam como forma de defesa no seu território de domínio.

Qualquer poder que se apresenta em um território marcado é incompatível com o poder que se move. Os governos fixaram pontos de poder e de controle sobre os próprios territórios, não conseguiram negociar com os manifestantes e ficaram impotentes diante da invasão dos jovens nas ruas, encurralando-se em seu exercício do poder.

Quando o homem sedentário levanta muros muito altos, ele corre o risco de ficar preso e isolado em sua própria fortaleza, cercado pelo medo da invasão alheia.

O movimento do nômade digital durante os protestos não seguia um trajeto, mas alternava o trajeto. O trajeto da passeata dos manifestantes era o poder do espaço do nômade, criando encruzilhadas que podiam ser acuadas pela força repressiva, coibindo os protestos como forma de controle.

A fluidez da água está para o nômade, como a solidez dos muros para o homem sedentário. Nas redes sociais não há espaço para muros construídos, nem barreiras de comunicação, há a comunicação que corre pela internet. Por isso, o nômade mora na sociedade líquida e vê como obsoleto o espaço da solidez na modernidade.

A eclosão dos protestos foi tão inovadora, que o mundo sólido e controlado pelos políticos no Brasil desmanchou-se com o calor das manifestações; eles se viram sem ação e sem controle da situação.

As manifestações que começaram nas redes com um movimento extensivo de velocidade incalculável jamais poderiam ser previstas pelo pensamento linear da modernidade. Foi preciso levar às ruas os anseios populares dos jovens usuários da rede para que a voz dos manifestantes fosse ouvida.

Ativistas digitais

> "O jovem de hoje se organiza em rede. As diversas perspectivas são colocadas na linha do tempo do Facebook e formam uma consciência coletiva, descentralizada e sem hierarquia. Além de mobilizar os jovens a ir às ruas, esse ativismo permite que mesmo aqueles que ficam em casa também contribuam disseminando informação. Ele quer promover mudanças no que afeta seu cotidiano. Esse jovem sempre teve vontade de fazer micro revoluções. Desde 2010, já vinham ocorrendo passeatas isoladas, como pela construção do metrô em Higienópolis, ou contra o (deputado Marco) Feliciano. Como o aumento da tarifa do transporte afeta todo mundo, foi o estopim para todos irem para as ruas."[18] (Rony Rodrigues, publicitário).

A declaração de Rony Rodrigues à Revista Época nos dá um real indício de quem protestava nas ruas já o fazia há muito nas redes sociais.

Protestos ao redor do mundo, que se utilizam das mídias sociais como meio de comunicação de massa para a realização de manifestações e a criação de movimentos políticos, não são novidades. Eles já vinham acontecendo em outros países.

A Primavera Árabe, por exemplo, que começou em 18 de dezembro de 2010, tornou-se uma grande onda de protestos no Oriente Médio e Norte da África.

Jovens que assistiram aos vídeos postados nas redes sociais trocavam informações pela internet e foram às ruas em sinal de protesto contra a pobreza, a repressão e a ausência de direitos humanos. A Tunísia viu a queda do seu ditador Zine al-Abdine Ben-Ali e o Egito, o fim dos trinta anos do governo de Hosni Mubarak. Depois da queda de Hosni Mubarak, foi a vez do então presidente Mohammed Morsi, que renunciou em 3 de julho de 2013, sofrendo forte pressão popular e apoio dos militares para sua saída da presidência.

As manifestações populares foram iniciadas pelos jovens, que, com os celulares nas mãos e trocando mensagens nas redes sociais, paralisaram ambos os países com o restante da população. Aconteceram também protestos na Líbia, contra o governo de Muamar Kadafi, e depois, foi a vez do

Marrocos, Iraque, Irã, Iêmen e da Cisjordânia, todos inspirados nos modelos da Tunísia e do Egito.

Outro movimento conectado às redes sociais foi o Occupy Wall Street, que surgiu em 17 de setembro de 2011, na cidade de Nova York, nos Estados Unidos, contra a corrupção e desigualdade econômica e social. Muitos manifestantes permaneciam acampanhados sob as tendas na principal rua do setor financeiro de Nova York.

A onda de movimentos na Turquia em 2013, por exemplo, começou primeiramente com a demolição do Parque Taksim Gezi, mas depois se estendeu contra o governo, espalhando-se por todo o país.

Depois que manifestantes e a polícia entraram em confronto por várias vezes, uma das táticas utilizadas como forma de protesto foi o silêncio. O artista performático turco Erdem Gunduz permaneceu durante oito horas em pé, com as mãos no bolso, em silêncio, na frente do Centro Cultural Ataturk, na Praça Taksim, em Istambul. O fato percorreu a internet com fotos, e ativistas na Turquia aderiram ao protesto silencioso — centenas de pessoas permaneceram de pé em frente à praça, em silêncio, durante horas.

O governo turco reagiu, e estuda uma forma legislativa de censurar as mídias sociais no país, para conter possíveis levantes sociais contra o regime.

O relatório de 2010 da Organização das Nações Unidas apontou que existem 2 bilhões de internautas e mais de 5 bilhões de assinaturas de celulares, atendendo aos 7 bilhões de habitantes no planeta.

A conexão global e o desenvolvimento tecnológico derrubaram fronteiras culturais, aproximando os diferentes modos de vida, tanto das comunidades locais como dos povos.

Vimos que, a partir do século XXI, o mundo globalizado e a era digital criaram interações nunca imaginadas antes pelas pessoas, ampliaram a comunicação com equipamentos portáteis e propiciaram a mobilidade dos usuários sem a necessidade do deslocamento físico.

É a chamada "Era do Toque", do controle remoto, da conexão imediata, sem limites de espaço e tempo — podemos ir para onde quisermos e quando quisermos.

A geração de jovens, que lidera esse movimento mundial tem nos colocado à frente do tempo, a passos largos no desenvolvimento social.

Com um modo de vida pragmático, garotas e garotos antenados com os acontecimentos do mundo criaram tribos modernas nas comunidades virtuais conectadas em rede, e nelas uma nova forma de democracia está sendo construída.

A interatividade e a distribuição de informações foram fundamentais para que os protestos e os movimentos políticos acontecessem no Brasil e em algumas partes do mundo. As pessoas trocaram mensagens entre si, e repassaram informações, criando o *network*, isto é, uma rede de relacionamentos, o que possibilitou reunir indivíduos com interesses comuns e objetivos compartilhados entre os usuários da rede.

Durante os protestos no Brasil, os cartazes levantados com a frase "saímos do Facebook" mostravam que a geração mais jovem saiu da zona de conforto e foi para a zona de risco, em atos que somente seriam feitos se a interatividade, fosse mantida como força popular.

Estima-se que mais de 2 milhões de menções foram feitas nas redes Twitter, Facebook, Youtube e Google, e que mais de 132 milhões de pessoas foram impactadas por essas postagens, criadas por 941.295 usuários únicos.[19]

Estudos apontam que somente no dia 17 de junho de 2013, meio milhão de mensagens foram disparadas nas redes sociais, e se comparado à semana anterior, superou em 8,5 vezes.

Nesse dia, o Twitter e o Facebook foram os meios mais utilizados pelos manifestantes, das 17 às 21h. No intervalo entre 17h e 18h, hora em que as manifestações foram iniciadas, a média de menções foi de 51,2mil; já entre 20h e 21h, o número praticamente duplicou, chegando a 87,8 mil.[20]

Observando o Gráfico 1 (na página seguinte), conforme os protestos avançavam do dia 13 ao dia 17 de junho, a atenção e o interesse dos manifestantes aumentavam, segundo o número de *posts* registrados nas redes sociais. No dia 17 de junho, data em que 300 mil pessoas foram às ruas no país, houve intensa manifestação de usuários, apresentando um pico de meio milhão de *posts*.

Uma manifestação marcada ao criar visibilidade, gera o impulso para a convergência das atenções dos usuários, mobilizando pessoas que despertam o desejo para a sua realização.

Lucas Brito é um jovem estudante de 22 anos de idade, membro da ANEL (Assembleia Nacional de Estudantes – Livre), que em apenas quatro dias arregimentou 9 mil pessoas em frente ao Congresso Nacional, protestando contra o Projeto "cura-gay", entregando em seguida uma carta ao presidente da Câmara dos Deputados, Henrique Alves.

Segundo a *Revista Época*, ele afirmou: "É impensável mobilizar milhares de pessoas sem o Facebook".[22]

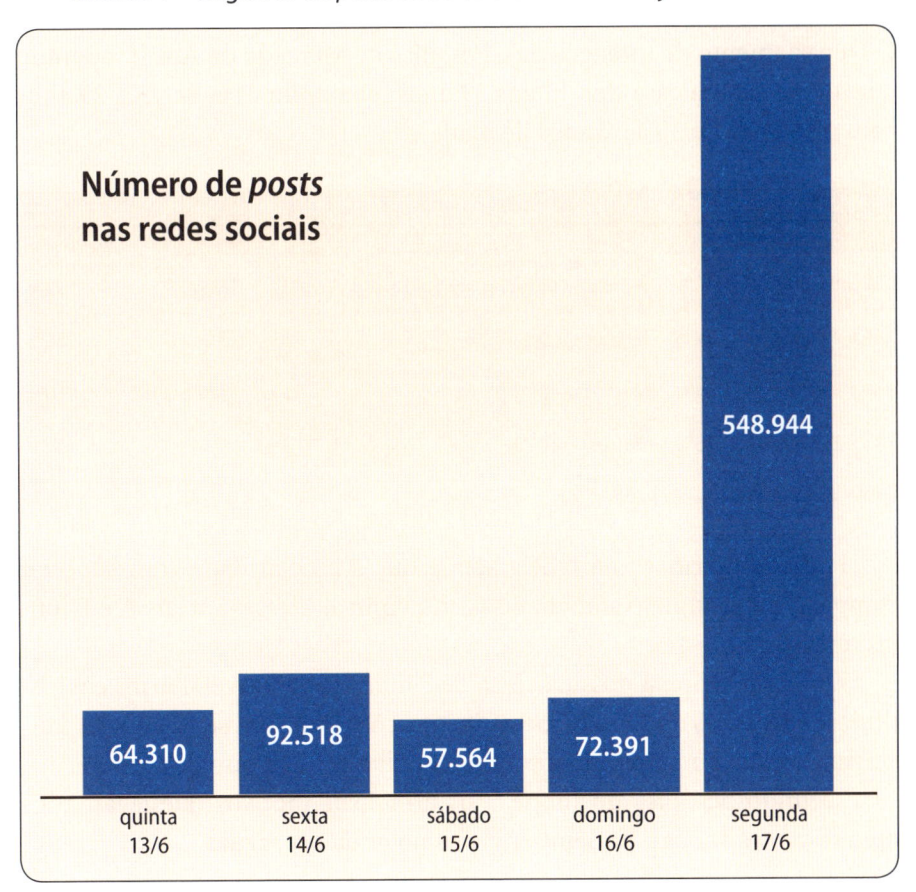

Gráfico 1 – Registros de *posts* entre os dias 13 e 17 de junho de 2013.[21]

Número de *posts* nas redes sociais

quinta 13/6	sexta 14/6	sábado 15/6	domingo 16/6	segunda 17/6
64.310	92.518	57.564	72.391	548.944

Os manifestantes, na prática, se mobilizaram contra o aumento das tarifas dos transportes e a repressão policial nos protestos.

Mas, conceitualmente, há uma quantidade maior de universitários hoje do que há vinte anos. Além disso, as expectativas de um Brasil melhor estavam se desfazendo, principalmente com a crise batendo à porta do país, com uma inflação apontando seu dedo contra a nação, o desemprego dos jovens aumentando e os baixos salários.

Porém, o que ficou evidente das manifestações é que o cidadão eleitor chegava ao limite da aceitação do descaso do político com a população do Brasil.

Perfil dos manifestantes

O Departamento de Inteligência e Pesquisa de Mercado da Abril[23] apontou que 46% estão na casa dos 15 aos 39 anos (somando 21% de 15 a 29 anos com mais 21% de 30 a 39 anos de idade).[24]

Idade		Escolaridade		Renda	
50 anos ou mais	31%	Superior completo até doutorado	61%	Classe A	29%
40 a 49 anos	22%	Superior incompleto	23%	Classe B	55%
30 a 39 anos	21%	Médio completo	13%	Classe C/D/E	16%
15 a 29 anos	25%	Outros	3%		

Fonte: *Revista Veja*, n. 26, p. 69, 2013.

Podemos verificar na tabela acima que a escolaridade com superior completo e incompleto somam 84%, enquanto as classes sociais A e B juntas representam 84%.

Em 2011, o Brasil possuía cerca de 5 milhões de universitários em instituições privadas e 6,7 milhões em instituições públicas, sendo que os universitários que possuíam maior renda familiar totalizavam quase 50%.

Segundo pesquisa do Ibope,[25] os principais motivos que levaram os manifestantes às ruas, podem ser vistos no gráfico a seguir.

Gráfico 2 – Principais motivos que levaram os manifestantes às ruas

Motivo	%
Transporte Público	38%
Política	30%
Saúde	12%
PEC 37	6%
Gastos Copa	5%
Educação	5%

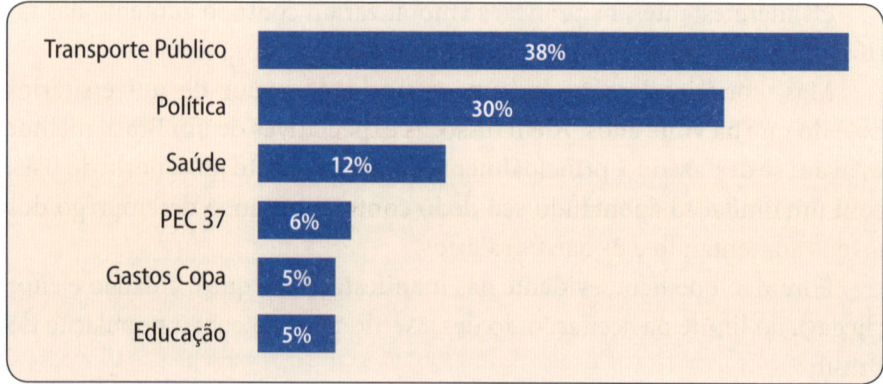

Porém, quando os entrevistados foram questionados sobre os motivos que os levaram às ruas, nas respostas espontâneas, a política vinha como primeira opção, totalizando 65%; sendo que, destes, 49% mencionaram a corrupção.

A corrupção atingia metade do número de pessoas como motivo principal para protestar.

Os dados nos mostram que a mobilização nacional caminhava para reivindicações que estavam além dos protestos contra o aumento das tarifas dos transportes públicos. Era uma insatisfação generalizada que não poderia ser resumida facilmente, conforme a pesquisa apontou.

Quanto ao número de jovens no Brasil, segundo dados da *Revista Época*, 22,5 milhões têm de 18 a 24 anos de idade (11,7% da população) e 51,6 milhões têm de 15 a 29 anos de idade (27% da população).[26]

Há uma grande quantidade da população de jovens no país que são os maiores usuários da internet, entre eles a faixa etária de 18 a 24 anos.

No levantamento feito pelo (IBGE) Instituto Brasileiro de Geografia e Estatística,[27] durante o período de 2005 a 2011, houve um aumento de 222,3% de pessoas mais velhas que acessaram à internet. Apesar desse aumento de acessos, à medida que a população ficou mais idosa, o percentual de pessoas que utilizaram a rede mundial, em 2011, foi caindo gradativamente, segundo o Gráfico 3.

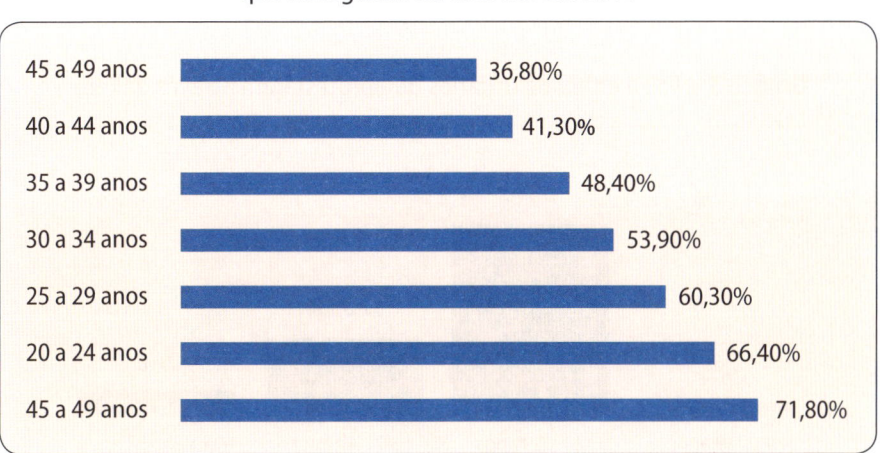

Gráfico 3 – Faixa etária de usuários por percentual que navegaram na internet em 2011

Faixa etária	Percentual
45 a 49 anos	36,80%
40 a 44 anos	41,30%
35 a 39 anos	48,40%
30 a 34 anos	53,90%
25 a 29 anos	60,30%
20 a 24 anos	66,40%
45 a 49 anos	71,80%

Determinar o perfil do jovem que pertence a uma tribo urbana, mas circula entre várias delas e realiza *links* com diferentes grupos sociais, é uma tarefa que envolve muitos fatores, pois a capacidade de mobilidade é tanta que dificulta a classificação desse usuário em um único perfil de comportamento.

Pesquisas com base no perfil de usuários do Facebook[28] que protestaram através da rede, apontam que 71% eram homens e 29% eram mulheres.

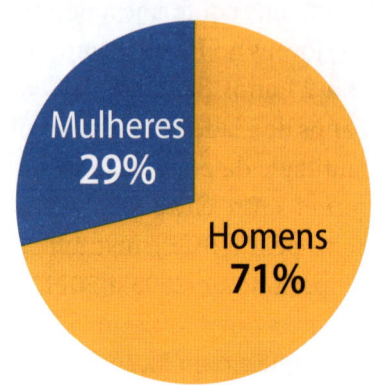

Gráfico 4 – Percentual de usuários que protestaram através da rede

Desse público pesquisado, 58% se encontravam em um relacionamento sério e 42% eram solteiros.[29]

Nesta pesquisa, 63% tinha faixa etária entre 20 e 29 anos, 25% dos 30 aos 49 anos, 8% acima de 50 anos e os com menos de 19 anos somavam 4%.[30]

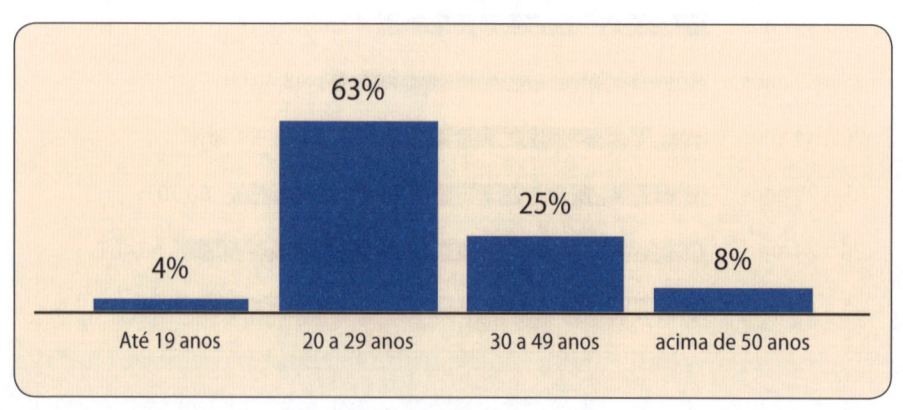

Gráfico 5 – Faixa etária de usuários que protestaram através da rede

Estudos realizados por pesquisadores de Sociologia e Psicologia Social descobriram três tipos de gerações, assim denominadas: "Geração X", "Geração Y" e "Geração Z".

Cada qual com características próprias, apresentando estruturas mentais e emocionais com maneiras de agir diferentes.

- A geração X é a de nascidos do início dos anos 1960 até os primeiros anos da década de 1980.
- A geração Y é a de nascidos de meados dos anos de 1980 até o final da década de 1990.
- A geração Z é a de nascidos de meados da década de 1990 até os dias atuais.

Elaboramos uma tabela que traz algumas características das três gerações.[31]

Geração X	Geração Y	Geração Z
Nasceram no mundo analógico, mas se adaptaram ao digital.	Cresceram na era da globalização e da internet.	São nativos digitais.
Possuem poucos amigos, porém leais.	Os amigos estão selecionados na rede virtual de relacionamento.	Amigo é uma sociedade em rede.
A linguagem tem um discurso prolixo.	A linguagem tem um discurso conciso.	A linguagem tem um discurso conciso, direto e atraente.
A realidade é concreta.	A realidade é fragmentada.	A realidade é virtual.
O passado dá a base para o futuro.	A velocidade é tudo para o presente.	O tempo é o "agora".
O conhecimento é vertical. aprofunda-se em um assunto por vez.	O conhecimento é horizontal. São vários assuntos misturados, sem aprofundar-se em nenhum.	O conhecimento é multidirecional. São vários assuntos conectados entre si.
Primeiro lugar é ser feliz.	Primeiro lugar é ter prestígio e realização.	Primeiro lugar é estar conectado ao mundo.

A geração Z, a mais jovem, pertence aos chamados "nativos digitais". Para essa geração é difícil imaginar que um telefone era acionado por um disco preso no aparelho. A mobilidade e a conexão nas redes sociais simboliza a revolução dessa geração.

A geração Y assistiu o nascimento da rede mundial, e junto com ela a popularização da internet e o surgimento da globalização, marcado pela queda do muro de Berlim, em 1989. Internet e globalização podem ser consideradas as grandes novidades dessa geração. Para a geração Y é difícil conceber que uma informação não possa ser encontrada, ou que a possibilidade de adquirir um *tablet*, que acabou de ser lançado nos Estados Unidos, não possa ser comprado agora no Brasil.

A geração X nasceu no mundo analógico e viveu a transição para o mundo digital. A globalização e as redes sociais exigiram a adaptação dessa geração. Muitos utilizam o celular apenas para fazer ligações e são saudosistas do disco de vinil. A revolução sexual e a viagem do homem à Lua foram consideradas grandes marcos dessa geração.

A geração Z vive no mundo das mídias sociais. Para essa geração, não poderia haver sociedade se não houvesse as redes sociais.

No gráfico a seguir, 75% das pessoas utilizaram o Facebook para convidar os amigos para participarem dos atos de protestos; o restante dos entrevistados encontraram outras maneiras de interagir com pessoas ou buscaram diferentes formas para participarem dos protestos.[32]

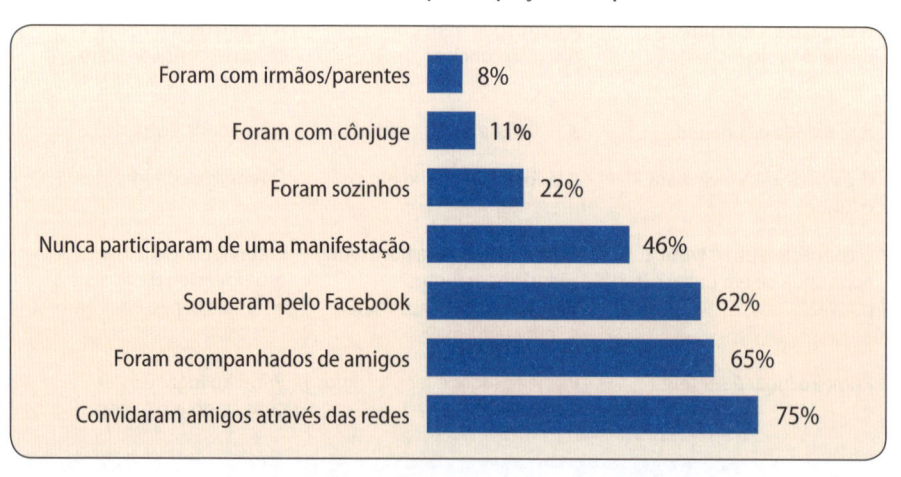

Gráfico 6 – Formas de participação nos protestos

Forma	%
Foram com irmãos/parentes	8%
Foram com cônjuge	11%
Foram sozinhos	22%
Nunca participaram de uma manifestação	46%
Souberam pelo Facebook	62%
Foram acompanhados de amigos	65%
Convidaram amigos através das redes	75%

Quanto à política, esse tema não era tão frequente nas conversas entre amigos da geração mais jovem, mas a pesquisa apontou que isso pode mudar. Da pesquisa realizada, 61% de jovens têm muito interesse em saber mais sobre política, conforme tabela a seguir.³³

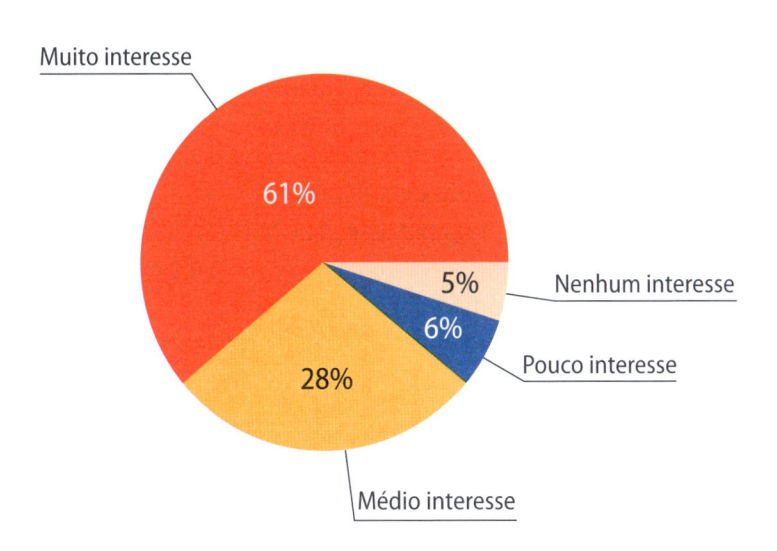

Gráfico 7 – Percentual de interesse em saber mais sobre política

- Muito interesse: 61%
- Médio interesse: 28%
- Pouco interesse: 6%
- Nenhum interesse: 5%

A maioria dos jovens está motivada a debater sobre política e a escolher quem serão seus representantes, 82% disseram que não vão votar em candidatos corruptos, além de defender aquilo que eles apontaram como sendo o resultado do ato de ter ido às ruas; 94% deles acreditam que as ruas irão promover as mudanças reivindicadas.

Quanto ao perfil de comportamento da geração Z, a maioria possui o *rock and roll* como estilo musical preferido que trazem no discurso de suas músicas críticas ao sistema e hinos em busca de um mundo melhor, como as bandas *Pink Floyd, U2 e Legião Urbana*.

Na preferência de livros, a *Bíblia* é apontada como um dos mais lidos, juntamente com a obra *O Pequeno Príncipe*, seguidos de *O Senhor dos Anéis* e *Harry Potter* — livros que tratam de questões de poder e da luta entre o bem e mal.

O mesmo tema se apresenta entre filmes; os mais vistos são *Star Wars* e *Avatar,* ambos com questões de disputas políticas e com efeitos especiais.³⁴

Durante os protestos nas ruas, havia uma máscara vista com frequência sobre o rosto de muitos manifestantes —, a máscara do personagem "V", do filme e dos quadrinhos, V de vingança (no original, *"V" for Vendetta*).

A base da história do personagem vem de Guy Fawkes, que tentou explodir o Parlamento Inglês em 1605, mas teve o seu plano descoberto, foi condenado à morte. Todavia, ele se tornaria um símbolo da luta pela liberdade, escondendo sua verdadeira identidade atrás de uma máscara, como fazem os heróis.

O filme *V de vingança*, de 2006, projetou um anti-herói que luta contra o sistema opressor do governo e defende os oprimidos. A máscara utilizada por esse personagem no filme pôde ser vista em muitas manifestações no Brasil e ao redor do mundo.

No filme, o protagonista luta contra um partido fascista que domina a sociedade, onde negros, homossexuais e esquerdistas foram eliminados, e sua missão é acabar com o parlamento e matar o atual presidente.

Percebe-se, então, que o uso das máscaras nos protestos do Brasil vai muito além do simples ato de cobrir os rostos —, é um símbolo que foi adotado por alguns manifestantes, que remete ao sistema de representação de manifesto popular que ela aponta no filme e, originalmente, nos quadrinhos.

O perfil dos jovens manifestantes pode fornecer uma noção de quem sejam. Porém, não podemos rotulá-los, nem acreditar que uma classificação com pesquisas permitirá compreender seu comportamento, sejam ativistas políticos ou não, sejam usuários frequentes das redes ou não, sejam partidários de direita, de esquerda, de centro ou apartidários.

Experiência nas ruas

As mais variadas opiniões chegavam na *timeline* do meu Facebook, os mais diversos assuntos e temas surgiam diante da tela. Não há como, nem se deve, julgar se aqueles compartilhamentos eram certos ou não — cada um deles estava apenas expressando pensamentos e sentimentos. A sua própria verdade.

Era notável que muitas vezes não havia um completo entendimento das mensagens que estavam sendo trocadas, as pessoas apenas compartilhavam. Ainda que houvesse o entendimento dos fatos e fosse apurada a informação processada, era difícil resumir os sentimentos que as pessoas expressavam.

No dia 21 de junho de 2013, dois dias após o anúncio do cancelamento do aumento da passagem do transporte público, em São Paulo e no Rio de Janeiro, eu voltava do trabalho de metrô, por volta das 18h, quando me deparei com uma movimentação atípica ao passar pela estação Tatuapé, na zona leste de São Paulo. Desci na estação seguinte, fui até minha casa, e ansioso, procurei pelas notícias no Twitter, no celular e na TV, o que logo encontrei.

Rapidamente voltei à estação do metrô e caminhei até a passarela sobre a Radial Leste — umas das principais vias de acesso que liga a zona leste ao centro da cidade.

Ouvi pessoas gritando, buzinas de automóveis disparando e sinais sonoros do Metrô. Impaciente, eu corri pelas escadas, esbarrando em curiosos que tiravam fotos, freneticamente, com seus celulares, quando me deparei com uma imensa massa humana que entoava em coro: "Vêm, vêm pra rua, vêm".

Então, fui à avenida em meio à multidão, observando o que se desenrolava ao redor. Em sua maioria, eram jovens entre 15 e 25 anos de idade, segurando cartazes com os mais variados tipos de mensagens. Notei que havia famílias — mães, pais e crianças — dividindo o espaço na rua com pessoas que pareciam ter acabado de sair do trabalho e estudantes portando mochilas.

Busquei encontrar o líder que conduzia os manifestantes, mas para minha surpresa havia apenas pessoas caminhando e cantando o Hino Nacional.

Das bandeiras erguidas, somente uma, a do Brasil.

Um cartaz chamava a atenção, e trazia a frase: "They don't care about us", conhecido trecho de uma música do cantor Michael Jackson, de 1995, com um forte discurso político em sua letra, denunciando a opressão e o descaso dos governos com a população mais carente no mundo.

Aproximei-me e tirei uma foto.

A manifestação ficou parada durante um tempo, ao lado da estação do metrô, e em coro os manifestantes chamavam outras pessoas que desciam as escadas rolantes.

Parei por um instante, e vi à frente um casal, aparentando uns 60 anos de idade, acompanhados da filha, com cerca de 30 anos, avidamente gritando entre os manifestantes. Era notório que a presença deles ali fora totalmente ao acaso. O casal segurava sacolas de compras com uma das mãos e, subitamente, levantaram a outra com o punho cerrado, pedindo mais educação e saúde.

Segui um pouco mais adiante e dois casais estavam com bandeiras e camisas do Brasil, segurando cartazes que criticavam a Proposta da PEC 37 e o deputado Marcos Feliciano.

A passos largos, caminhei apressadamente e ao destacar-me do que aparentava ser o bloco organizador, observei um espaço vazio entre esse e o grupo mais à frente. Entre eles, havia pessoas vestidas de preto, utilizando lenços que escondiam o rosto, andando à margem do grande número de manifestantes.

Instantes depois, um coro de uivos e vaias. Um bate-boca começava entre dois manifestantes em meio aos carros. "Sem violência!", as pessoas gritavam; e logo o pedido foi atendido.

Conforme a massa avançava, eu buscava entender os sentimentos das pessoas, identifiquei apenas a raiva e a indignação sobre o que vinha e não vinha acontecendo no país.

Sem delongas chegamos à próxima estação, Belém. Percebi que aquele casal de idosos e a filha estavam saindo do meio da multidão e indo embora, em direção ao metrô, abrindo um largo sorriso que se regozijava.

Ao lado, era possível ver um condomínio residencial cujas janelas pareciam arquibancadas, com pessoas acenando e balançando do alto a bandeira do Brasil, enquanto outros simplesmente piscavam as luzes dos apartamentos.

Em manifestações você encontra de tudo. Mais adiante, esbarrei na irmã de uma grande amiga, a Joyce, que há anos não via; ela tinha saído do trabalho e estava com uma amiga, souberam da manifestação pelo Facebook e foram juntas à passeata. Joyce comentou que tinha consciência da importância dos protestos, mas não tinha o hábito de discutir política, mesmo assim, gostaria de estar mais engajada e de saber mais sobre o tema.

Fomos interrompidos por uma repentina parada da caminhada, com todos sentando-se no chão; tática que havia sido adotada para diferenciar aqueles que estavam praticando vandalismos dos manifestantes pacíficos. Era um pequeno grupo com os rostos cobertos que permaneceu em pé, pela distância não era possível identificar o que faziam, mas de pronto receberam vaias e palavras de ordem, como "sem vandalismo!", gritadas pelos que estavam sentados.

Após o incidente, voltamos a caminhar, e mais uma jovem se uniu ao nosso grupo, uma conhecida da Joyce. Falávamos sobre os protestos que aconteciam no Brasil, e nos lembramos dos movimentos "Diretas Já" e dos "Caras-Pintadas", marcos que, até então, ela só havia visto em livros de História.

A caminhada seguia seu ritmo no sentido da Praça da Sé, centro da cidade. Depois de percorrer aproximadamente 5 km, algumas dezenas de pessoas cansadas deixavam a manifestação. Os viadutos seguintes à nossa frente estavam repletos de pessoas, esperando para se unirem aos manifestantes; o que formaria um imenso grupo.

Um homem empunhava o braço para o alto e gritava a plenos pulmões: "Eu sou brasileiro, com muito orgulho, com muito amor", e contagiou as pessoas ao redor, que gritavam em uníssono.

Passados 7 quilômetros de caminhada, o cansaço vencia parte dos manifestantes, mas a grande maioria seguia em direção à Avenida Paulista, onde se juntaria com outros tantos que por lá estavam. Nosso pequeno grupo seguiu para o Metrô na Praça da Sé.

Lá, vimos dois garotinhos de chinelos e roupas surradas, sentados na escadaria da igreja, tomando sopa com o pão posto ao chão, que acabara de ser servida por voluntários.

A triste cena dava pleno sentido aos protestos.

Foto: Ricardo de Freitas Roseno

Policiais e manifestantes em confronto, na esquina das ruas da Consolação e Maria Antônia, centro de São Paulo, dia 13/06/2013. A reivindicação dos manifestantes, nesse primeiro momento, era mais voltada à redução da tarifa do transporte público na capital paulista.

Foto: Agência Estado – J.F. Diorio/Estadão Conteúdo

CAPÍTULO 3
PROTESTO, MÍDIA E VIOLÊNCIA

"Hay que endurecerse sin perder jamás la ternura."
Ernesto Che Guevara

O papel das redes sociais

Os manifestantes foram legitimamente reconhecidos pelo governo com declarações da presidenta e de políticos, que publicamente se posicionaram em conformidade com os protestos pacíficos, de direito da cidadania, próprios de um regime democrático, mas criticaram com veemência atos de vandalismo de grupos radicais e indivíduos belicistas, que destoavam da maioria dos manifestantes pacifistas.

O reconhecimento do caráter legítimo dos protestos é um fato novo, porque dificilmente a situação atribui amparo legal às manifestações contra a forma de seu governo.

O carácter pragmático das informações dos ativistas digitais, no sentido de resultar em um efeito prático, estabeleceu-se como espaço de cidadania e de competências das ações dos manifestantes, levando também a legitimidade dos protestos aos usuários da rede e aos cidadãos nas ruas, o que possibilitou reunir milhares de pessoas.

O sociólogo, Manuel Castells[35] acredita que a legitimidade política na comunicação com os novos meios, como as redes sociais, criam condições para que novos movimentos sociais surjam espontaneamente, sem data marcada, sem lugar certo, antes mesmo do que se possa imaginar. A expressão do legítimo "dizer" e do "fazer" democrático impulsionaram os usuários das redes a um "movimento social espontâneo".

Assim, vimos que internautas ativistas de diferentes movimentos, bem como aqueles que também não tinham movimento nenhum, ou não eram ativistas políticos tornaram legítimo o caráter democrático e pragmático das manifestações.

Nômades digitais, circulando pelas estepes das informações na internet, distribuindo mensagens entre os usuários da rede, sem que fossem manipuladas ou conduzidas por um grupo, partido político, indivíduo político ou empresas de comunicação.

As redes sociais formaram um imenso arcabouço de discussões, intrigando os meios de comunicação de massa.

Os veículos de comunicação procuravam encontrar os motivos dos protestos e compreender os manifestantes, tentando classificá-los em categorias, como: classe econômica, escolaridade, faixa etária, nível de insatisfação com os políticos e outros mais.

Todavia, a capacidade da mobilidade e dinâmica de comunicação do usuário com o celular, em tempo real, antes de chegar ao local da manifestação, criava uma noção da curva de realidade dos protestos.

Para o internauta-nômade das redes sociais, o lugar não é delimitado, o espaço absoluto aparece na tela de suas máquinas, não confundindo com o lugar limitado, que sempre existirá. Contudo, o lugar físico onde os manifestantes estavam havia sido mapeado na rede social. A mobilidade do mundo pós-moderno está na conjunção de ambos os espaços: o lugar físico e o lugar virtual.

De forma que, a decisão final dos protestos era feita com intensa mobilidade e dinamismo de comunicação.

Nos protestos de 13 de junho de 2013, em São Paulo, não era possível saber se os manifestantes subiriam ou não a Rua da Consolação em direção à Avenida Paulista.

Certas decisões foram tomadas durante as manifestações, e quase sempre improvisadas.

A ideia do planejamento não era tão eficaz. Não haveria como planejar um evento desse tipo, pois ele se constrói à medida que acontece, no seu melhor sentido anárquico. Tudo era muito dinâmico e os fatos seguiam improvisando.

A manifestação se construía à medida que avançava.

A produção amadora de filme e fotos por alguns manifestantes se transformava em reportagem de rua, ao vivo, viva e vivenciada. Qualquer transeunte podia usar a câmara do celular para tirar fotos ou filmar, criando, desse modo, uma produção independente de notícia, e postando, por vezes, em tempo real na internet.

A produção, nesse caso, era extremamente fácil, porque não requer uma sede física, o custo é praticamente zero, os recursos técnicos são próprios e há plena capacidade de mobilidade. Vários manifestantes tornaram-se os próprios produtores e divulgadores de fotos e filmes das manifestações. O Youtube está repleto de produções independentes dos manifestantes.

Com o tempo, os usuários perceberiam que estavam com dois enormes poderes nas mãos: produzir e distribuir informações.

A Mídia Ninja (Narrativas Independentes, Jornalismo e Ação) é um grupo com cerca de 100 pessoas, que sem cortes e sem edição, transmite ao vivo as manifestações populares por todo o território nacional pela internet. Não sendo ligada a qualquer partido político ou empresa de comunicação, ela age independente, misturando realismo jornalístico com denúncia. A autoria é coletiva e os equipamentos vão desde microcâmeras Go Pro, até carrinhos de supermercado adaptados com filmadoras. A popularidade do grupo é respeitada, atualmente possui mais de 149 mil fãs no Facebook, 15 mil seguidores no Twitter e milhares de pessoas assistiram suas produções. A audiência é tamanha que emissoras como G lobo, Record e Bandeirantes disputaram a atenção de telespectadores com a Mídia Ninja.

Se o Ibope calculou que em julho mais de 100 milhões de usuários estavam conectados à internet; então a enorme adesão de pessoas ao grupo Mídia Ninja justifica-se como um fenômeno de comunicação da pós-modernidade. Assim como, estima-se que as hashtags mais utilizadas tenham sido estas duas — #vemprarua e #ogiganteacordou —, e que elas tenham impactado, respectivamente, 80 milhões e 62 milhões de pessoas. Porém, ambas divulgadas pelas mídias tradicionais e pelos meios independentes.

Da mesma forma, que a oposição no Brasil tornou-se a situação dentro dos governos e criou um muro de proteção ao afastar a população do poder, as redes sociais fizeram o papel de articular e difundir o descontentamento do povo, abrindo um canal para escoar as insatisfações, sobretudo, com maneiras incomuns de protestar.

Na era da tecnologia, ter a informação não basta, a produção e a distribuição da informação tornaram-se a roda que gira as mídias sociais.

As imensas redes sociais conectadas criaram em suas malhas o espalhamento de informações, como vimos na disseminação de protestos em diferentes cidades no Brasil e no mundo, caracterizados pela solidariedade e integração social.

Não havia agentes que conduziam permanentemente as manifestações, a liderança mudava à medida que os interesses e especialidades das pessoas mudavam, tanto na forma horizontal de lideranças em regiões físicas próximas, como no modo de liderança transversal em regiões físicas distantes.

Na liderança horizontal, a informação passa de um usuário para outro, distribuída de modo local. Não há um líder acima do topo da pirâmide.

Na liderança transversal, a informação parte de uma região distante para outra, percorre espaços físicos intercontinentais, e é distribuída globalmente, como foi no caso nas manifestações de solidariedade ao Brasil em Nova York, Toronto, Berlin, Londres e tantas outras cidades.

Os principais jornais internacionais destacaram os protestos no Brasil, como: o *El país*, na Espanha, o *New York Times*, o *Washington Post* e o *The Wall Street Journal*, dos Estados Unidos, a *BBC* e o *The Guardian*, do Reino Unido, o *Corriere della Sera*, da Itália, os franceses *Libération* e *Le Figaro*, o argentino *La Nación*, o chileno *La Tercera* e dezenas de outros.

Os protestos repercutiram no mundo. As manifestações no Brasil foram um sinal de alerta para os outros países.

Para os manifestantes, era preciso *agir* primeiro para *discutir* depois. Era preciso *agir* primeiro para *fazer* depois.

A mídia tradicional e a violência

Durante vários protestos houve atos de vandalismo e depredação, intensos confrontos policiais com grupos de manifestantes, saques e incêndios. Nas manifestações que se seguiram, esse cenário iria se repetir, na maioria das cidades brasileiras. Principalmente em frente aos estádios de futebol que realizaram os jogos da Copa das Confederações, onde manifestantes protestavam contra o dinheiro gasto na reforma dos estádios.

No início, os comentaristas de futebol de algumas emissoras ficaram irritados, alegando que a festa brasileira seria manchada com os protestos ao redor dos estádios. Mas depois que as manifestações tomaram vulto e uma parte da imprensa foi reprimida, os mesmos comentaristas renderam-se aos protestos. Ex-jogadores de futebol deram novas declarações se retratando.

Contudo, a mídia apresentava uma veiculação dúbia. Nos primeiros protestos, os telejornais mostravam rapidamente as imagens de manifestações pacíficas e despendiam um longo tempo mostrando atos de violência. Posteriormente ao dia 17 de junho de 2013, os protestos passaram a ser tratados como uma manifestação popular democrática e ganharam maior espaço de veiculação.

Nas capas das revistas e na primeira página dos jornais, a destruição era destaque. As emissoras de rádio cobriam os eventos sistematicamente e a internet era a central permanente de informações on-line, minuto a minuto. Por vezes, se via outras imagens, como a de manifestantes tomando as ruas com flores e cartazes pedindo paz, crianças segurando as mãos dos pais e homens e mulheres gritando "Não à violência".

Enquanto isso, alguns internautas questionavam nas redes sociais a razão de parte da mídia tradicional destacar mais a violência do que as manifestações populares pacíficas. Essa discussão percorria a mídia social.

Alguns grupos de jovens se indispuseram contra empresas de comunicação e profissionais, realizando manifestações em frente à Rede Globo, na cidade de São Paulo.

A rede social fez o papel que a televisão não fez, e alguns telejornais estariam divulgando notícias com características mais sensacionalistas do que informativas. Essa era outra discussão que ganhava espaço.

Durante as semanas de protestos, alguns veículos de reportagens foram queimados, como do SBT (Sistema Brasileiro de Televisão) e da Rede Record. Para fazer a cobertura das manifestações, os jornalistas hostilizados por alguns manifestantes tinham que retirar o logotipo das emissoras dos microfones e o adesivo da câmera de filmagem.

As empesas jornalísticas de comunicação estavam se sentindo ameaçadas, sob a acusação de serem tendenciosas. Além disso, muitos discordavam do fato de a mídia divulgar a Copa das Confederações de modo festivo, destacando a seleção brasileira, o que era incompatível com os protestos contra o investimento na reforma e construção dos estádios. Segundo muitos manifestantes "a saúde e a educação deveriam receber o mesmo padrão FIFA (*Fédération Internationale de Football Association*)".

O povo brasileiro não estava mais anestesiado pelos jogos da Copa, ele se rebelou não contra os jogadores ou a seleção, mas contra um sistema mal administrado, que não reconhece as necessidades da população.

Na festa do pão e circo a tenda caiu sobre a cabeça dos políticos que aprovaram e apoiaram os gastos com a Copa.

Os meios tradicionais de comunicação balançaram. A imprensa estava à mercê das redes sociais e dos manifestantes.

E houve dois motivos para isso: primeiro pela resposta dos manifestantes quanto à postura discriminatória da mídia tradicional sobre os protestos, e segundo, as redes sociais havia mostrado a força da sua comunicação.

Em qualquer momento, *posts* seguiam pela rede livremente. A televisão, o rádio e o jornal não tinham mais controle sobre a situação que havia insurgido nas mídias sociais.

Ao mesmo tempo em que a ação da polícia sobre as passeata demonstrava o seu despreparo para esse tipo de evento, a imprensa tinha dificuldades em ser aceita por alguns manifestantes, pois para eles a mídia não mostrava a realidade de fato que ocorria nas manifestações.

Se, em 13 de junho de 2013, a polícia havia recebido ordem de rechaçar a manifestação com violência, "custe o que custar", no dia 17 de junho, a determinação passaria a ser outra, assegurando que qualquer tipo de confronto contra os manifestantes ou a imprensa fosse proibido. A ordem havia mudado de lado, a polícia deveria acompanhar e garantir a segurança dos manifestantes e da imprensa durante o trajeto da passeata. E agiriam apenas em caso de extrema necessidade.

Os secretários de segurança pública e os governadores dos diversos estados não conseguiam definir uma estratégia para controlar a situação. E a mídia tradicional não sabia qual caminho deveria tomar em seus comentários, e quanto tempo dedicaria às manifestações ou quanto espaço os protestos ocupariam nas páginas dos jornais e revistas.

Pela primeira vez, o governo, os partidos políticos e a imprensa estavam acuados, dissociados do movimento por manifestantes que reclamavam da não representatividade dos seus governantes, do oportunismo das legendas partidárias, e acusavam a imprensa de recortar e editar a realidade dos protestos, prejudicando o movimento popular.

Emissoras de televisão aumentaram a cobertura dos protestos, chegando a veicular cerca de oito horas em um único dia, os jornais impressos destacavam os eventos dos manifestantes em grande número de páginas, os noticiários on-line apresentavam as manifestações minuto a minuto, as revistas semanais publicavam cadernos especiais sobre as manifestações e as rádios de cunho jornalístico mantinham a informação no ar durante horas com os profissionais distribuídos pelas ruas.

Houve uma revolução na grade horária das emissoras. Os meios de comunicação de massa ficaram em uma encruzilhada, sem ter uma agenda prévia das manifestações, sem um líder que pudesse ser entrevistado, sem uma pauta única de reivindicação ou uma agenda de protestos a seguir.

A imagem do brasileiro acomodado e pacífico havia desmantelado.

O futebol dividiria a atenção com os protestos. Os cartazes diziam: "Queremos escolas e hospitais no padrão FIFA", algo que jamais poderia ser imaginado em pleno "país do futebol".

Muitos estão lucrando com a Copa do Mundo. A FIFA ganha com patrocinadores importantes e com a transmissão dos jogos; a (CBF) Confederação Brasileira de Futebol ganha uma fatia do "bolo"; as emissoras lucram com a veiculação de anúncios e o país tem cerca de metade da população mundial com os olhos voltados para a Copa do Mundo, mas isso não lhe garante nenhum lucro financeiro.

Nem sempre o saldo é positivo. A África do Sul sediou a Copa do Mundo em 2010, mas fechou com o saldo negativo e os estádios erguidos ficaram às moscas —, alguns sendo até analisados para possível demolição.

Eventos mundiais desportivos envolvem empresas multimilionárias. A FIFA tem mais países afiliados do que a (ONU) Organização das Nações Unidas, e recebe os benefícios de leis especiais, que garantem a isenção fiscal e a venda autorizada de produtos, alimentação e bebidas no perímetro de 2 km ao redor dos estádios.

A FIFA é o Vaticano do futebol: um país à parte, repleto de investidores.

Todavia, não significa que quem sedia a Copa do Mundo sairá com mais dinheiro do que gastou.

A exigência para sediar a Copa é imensa. Por isso, os estádios foram construídos e reformados, o que não justifica deixar de investir em saúde e educação no país apenas para ser a sede da Copa.

Nesse sentido, enquanto os jogos das Copas das Confederações aconteciam nos estádios brasileiros em clima de protesto, violência e tensão, os organizadores da FIFA e o seu presidente, Joseph Blatter, estavam preocupados com a segurança e a continuidade dos jogos, além da sua imagem e a de seus patrocinadores.

O confronto entre policias e grupo de manifestantes era comum ao redor dos estádios. A mídia ficava dividida, ora divulgava o confronto violento, ora a escalação do time brasileiro.

Algumas pessoas nas ruas eram questionadas a respeito de qual seria o próximo adversário da seleção brasileira, mas elas não sabiam responder, voltavam a falar dos protestos.

A mídia cobria uma manifestação seguida de outra, das mais diferentes regiões e cidades do Brasil, praticamente todos os dias.

Vale aqui relembrar a já mencionada teoria do sociólogo polonês Zygmunt Bauman, de que as estruturas sólidas se desmancharam na pós-modernidade e deram lugar à sociedade líquida.

Nas estruturas chamadas sólidas, que existiam há cinquenta anos, havia a economia local de um país independentemente do restante do mundo e o acesso à informação era limitado, a modernidade não estava em condições de responder aos anseios de uma sociedade na era da globalização e da informação.

Todas as decisões que antes eram tomadas localmente por um país — sem que qualquer outra nação interferisse em sua economia e política —, foram radicalmente transformadas pela sociedade pós-moderna em uma sociedade chamada globalizada.

Um novo paradigma surgiria no século XXI, em que os modelos de governo e os sistemas sociais que não se adaptaram a essa nova realidade sucumbiriam diante das mudanças sociais.

O que acontecerá amanhã com a política no Brasil? Por quanto tempo mais existirá a crise social? Teremos novamente uma inflação galopante ou haverá um controle inflacionário?

São perguntas que hoje não podem ser respondidas.

No mundo pós-moderno, os valores passaram a ser efêmeros, a ideia de novidade permanente sempre precisará existir para surpreender o consumidor, nada é eterno e nada é novo, e as ações dos políticos no Brasil são tão morosas que as soluções poderão se tornar obsoletas antes mesmo de serem implantadas após a votação na Câmara dos Deputados e Senado.

O Brasil irá mudar após os protestos populares?

Não há nenhuma garantia.

As incertezas que estamos vivendo no Brasil sobre o que não foi feito até agora, e o que precisa ser feito imediatamente, caracterizam a sociedade líquida — que não pode garantir a reforma política e social do país. É uma trilha incerta e perigosa. Mas o que não justifica deixar a população à deriva.

A sensação que nos causa é a de um político que tenta apagar o incêndio da floresta com uma mangueira de jardim.

O governo no labirinto das manifestações

Será que o governo pensa que sabe o que faz?

Ou ele entende menos ainda sobre o que, de fato, acontece?

O governo tentou colocar em uma forma de bolo quadrada uma torta redonda, ao lidar com os protestos. Enquanto isso, a mídia divulgava os protestos violentos nas ruas e apresentava os jogos da seleção brasileira.

As manifestações que aconteceram na Copa das Confederações não é novidade.

Nas Olimpíadas de Londres, em 2012, houve violenta manifestação da população não apenas pelo exorbitante gasto financeiro com a realização do evento, mas por motivos sociais e políticos listados pelos manifestantes.

Nos dias que precederam as Olimpíadas de Londres, alguns manifestantes saquearam lojas e outros simplesmente incendiaram os produtos dentro dos estabelecimentos comerciais. O governo britânico olhou o incidente sem entender o motivo da classe média ter invadido e ateado fogo em lojas e produtos.

Não podemos afirmar que as manifestações violentas e os protestos ocorridos em Londres, são análogos aos atos de vandalismo e depredação que aconteceram no Brasil.

Talvez exista um mosaico de características do nosso país que sobressaltaram às dos protestos britânicos, como: grupos radicais de direita e esquerda infiltrados, pessoas desequilibradas, indivíduos que perdem a noção do próprio limite e da realidade, raiva e revolta contidas, traficantes e saqueadores que vivem do delito ou até grupos internacionais envolvidos.

O Governador Sérgio Cabral acusou grupos internacionais de incitarem a violência dos protestos, e, como resposta, criará uma comissão para investigar os casos de vândalos que participaram de depredações e agressões.

O Brasil testemunhou uma violência sem precedentes durante os protestos. Obviamente desproporcional ao número de manifestantes pacíficos, inclusive na porta dos estádios.

Se havia dez mil ou vinte mil pessoas em uma passeata, o número de indivíduos que destoavam das manifestações pacíficas representava menos do que 0,5% ou 0,3%. Vimos cenas de violência contra manifestantes pacíficos, mas vimos também policiais aplaudidos por manifestantes ao socorrem feridos.

Portanto, não podemos dizer que a população brasileira é violenta. É verdade que existe um número reduzido de pessoas que formam grupos extremistas, como vimos, porém, isso não representa os milhares que protestaram nas ruas.

É preciso separar o joio do trigo. É preciso observar essa disparidade numérica.

Nesse aspecto, criou-se uma confusão por parte de alguns veículos de comunicação. A posição da personagem manifestante, polícia, grupos radicais e governo se alternava de bandido para mocinho e vice-versa, de uma empresa de comunicação para outra, de um programa de telejornal para outro e de uma hora para outra.

Não havia consenso.

Não somos a favor de qualquer forma de violência, mas somos contra qualquer forma de controle que venha a cercear a liberdade humana.

Nesse sentido, o respeito aos profissionais de comunicação é *sine qua non*; o patrimônio público e privado, que por direito existe, deve ser zelado, assim como o poder de expressão livre dos manifestantes pacíficos precisa continuar.

Não é apenas a competência da segurança pública que está em jogo, mas a responsabilidade de cada um de nós, dos meios de comunicação e dos políticos, pois a responsabilidade é um amadurecimento que muitos conquistaram depois de vinte anos sem manifestações no país e que outros estão conquistando. Cidades e bairros na periferia que jamais tiveram qualquer tipo de manifestação anterior em sua história viram os protestos crescerem nas ruas e bloquearem as estradas.

Se houve abuso de violência por parte da segurança pública, houve abuso por parte de alguns manifestantes, houve abuso por parte de alguns veículos de comunicação e houve abuso por parte de representantes do governo.

PROTESTA BRASIL

Não dá para dizer que alguém esteja isento de responsabilidade pelo que aconteceu, mesmo porque os fatos que aconteceram são inusitados no Brasil, sobretudo pela proporção e pela dinâmica com que ocorreram — nenhum setor da sociedade civil estava preparado.

Não há culpados ou inocentes nesta complexa história, que em nada se parece com um filme. Isto não é um julgamento social, nem uma sessão de entretenimento na sala de casa, é uma mudança que está em processo e deverá permanecer por muito tempo, pois nenhuma instituição, seja pública ou privada, nenhum cidadão, seja um jovem estudante ou aposentado, sairá o mesmo depois do que vimos acontecer.

Os protestos mobilizaram a nação e levaram o governo a parar e refletir sobre o que estava acontecendo, balançando o inabalável poder dos meios de comunicação de massa.

Essa reflexão nos faz lembrar a música "*Que país é este?*", gravada em 1987 pela banda Legião Urbana e composta em 1978 por Renato Russo, um importante compositor brasileiro, que bem resume os anseios das manifestações e desse complexo cenário social, como porta voz das gerações que cresceram no Brasil.

SAÍMOS DO FACEBOOK

"Frase em cartaz de manifestante, durante os protestos"

Uma multidão tomou as ruas de Recife-PE, dia 20/06/2013. A pauta das reivindicações incluía as mesmas demandas dos movimentos que estavam acontecendo, simultaneamente, em todo o Brasil.

Foto: Flavio Alves – Futura Press/Estadão Conteúdo

CAPÍTULO 4

GOVERNO, O QUE FAZER AGORA?
REPRESENTANTES E REPRESENTADOS

> "Eu sou o capitão da minha alma."
> *Nelson Mandela*

O Estado brasileiro e a democracia

A sociedade brasileira passou por períodos de democracia, ditadura e redemocratização desde a proclamação da República, em 1889.

No ano de 1930, ocorreu o primeiro desrespeito às regras eleitorais — apesar do processo eleitoral, naquele período, já ser considerado desonesto —, Getúlio Vargas, depois de perder as eleições, deu um Golpe de Estado apoiado pelos militares e assumiu o poder da nação.

Sete anos depois, Vargas suspendeu as eleições e instaurou um regime ditatorial, conhecido como Estado Novo. Ele seguiu na presidência por quinze anos, até que, em 1945, foi deposto pelos mesmos militares que contribuíram para que ele chegasse ao seu primeiro mandato.[36]

Vale lembrar que durante o Estado Novo foram extintos os partidos políticos. Com o fim da ditadura de Vargas, o Brasil retornou a um sistema multipartidário, passou por um processo de redemocratização até o mandato do presidente João Goulart, em 1964. Esse político, conhecido como "Jango", assumiu o cargo com a renúncia do então presidente eleito, Jânio Quadros, em 1960. Jango não chegou ao fim do mandato, seu governo e a democracia caíram diante de um novo Golpe de Estado encabeçado pelos militares, fechando o Congresso Nacional. Estabelecidos no poder, os militares deram continuidade ao sistema presidencialista, cujo presidente seria eleito por uma junta militar, que no futuro, seria chamada de "Colégio Eleitoral".

O primeiro presidente militar nesse sistema foi o general Castelo Branco, que prometeu levar o Brasil de volta às eleições democráticas; contudo, o país continuaria a viver um longo período governado pela ditadura militar. O presidente Castelo Branco sofreu pressões da "linha dura" — vertente mais arbitrária das Forças Armadas — e inaugurou os Atos Institucionais.[37] Vivia-se um momento de forte pressão pela redemocratização através dos movimentos estudantis, segmentos industriais, sindicatos e políticos de oposição. Nesse contexto, assumiu a presidência o general Emílio Garrastazu Médici, que decretou o Ato Institucional nº5 (AI-5), suspendo os direitos civis e políticos de todos os cidadãos brasileiros. Esse Ato não tinha data de vencimento e sobrepôs-se à Constituição. O governo Médici foi o período mais autoritário do regime militar, o Congresso Nacional funcionava de maneira limitada.

A partir de 1974, os militares assumiram um discurso que propunha uma lenta e gradual redemocratização. Esse processo seria coordenado pela junta militar, que ainda se encontrava no poder, e todos os direitos, civis e políticos, ainda estariam suspensos, em uma espécie de "moratória democrática"; ou seja, ainda haveria a arbitrariedade do governo militar, censura e opressão aos movimentos sociais.

O presidente responsável pelo início desse novo discurso político foi o general Ernesto Geisel. Portanto, esse presidente iniciou o processo de "liberalização", que levaria o Brasil, gradualmente, de volta ao estado democrático. Um dos pilares de sustentação do regime militar foi o controle da economia com a influência do governo norte-americano.

Durante os anos 1970, o governo Geisel enfrentou a crise do Petróleo e, como resposta à crise petrolífera de 1973, iniciou um projeto de expansão industrial e colonização tardia da Amazônia, que resultaria em gastos públicos que fariam crescer a economia brasileira — o que ficou conhecido como "o milagre econômico brasileiro".

Todavia, essa política de gastos públicos e interferência direta na economia duplicou a dívida externa brasileira. O aumento da dívida, associado à falta de direitos políticos e civis, deu lugar à insatisfação generalizada em relação ao regime militar.

Muitas pessoas foram torturadas e outras exiladas pelo regime militar — em 2012, foi criada no Brasil a Comissão da Verdade, para apurar crimes e torturas contra pessoas durante a ditadura militar no país.

Na presidência de Geisel, esperava-se realmente que o Brasil caminhasse para a redemocratização e, imediatamente, abolisse as torturas.[38]

O presidente Geisel expressou seu desejo de uma redemocratização gradual. Porém, isso dependeria de sua habilidade de lidar com as corporações militares, em especial, a "linha dura". Esse governo já sentia mais a pressão da sociedade civil, através da OAB (Ordem dos Advogados do Brasil), especialmente sobre o desaparecimento de pessoas. Além dos movimentos em favor da redemocratização, outro fator importante que concorreu para o enfraquecimento do regime militar foi o crescimento da representação política do partido de oposição ao regime.

O governo ditatorial militar possuía um sistema bipartidário: de um lado, a ARENA (Aliança Renovadora Nacional), partido da situação, e de outro, o MDB (Movimento Democrático Brasileiro), partido da oposição. Os governadores eram eleitos de forma indireta, enquanto os deputados eram escolhidos de forma direta.

O presidente Geisel permitiu a participação da oposição no programa eleitoral difundido na televisão, em consequência disso, o número de candidatos eleitos surpreendeu o próprio MDB. Na eleição posterior, o governo Geisel tratou de mudar as regras do jogo, criando os "senadores biônicos", não eleitos pelo voto direto, para manter o controle político do país nas mãos da junta militar. A política de liberalização estava fugindo de seu controle. O resultado das eleições de 1974 indicou que o regime militar não conseguia mais dissimular a falta de apoio popular.

A crítica da oposição na campanha eleitoral atacou principalmente três temas: justiça social, liberdade civil e desnacionalização. A pressão para a redemocratização aumentava; a morte do jornalista Vladimir Herzog, possivelmente assassinado, depois de ter sido torturado, desencadeou intensas manifestações da igreja e de outros segmentos da sociedade civil. A morte de Herzog levou o presidente Geisel a demitir um general sem consultar a junta militar.

A junta militar, por sua vez, controlava o executivo, e em 1978, elegeu o general João Baptista Figueiredo — o último presidente do regime ditatorial militar. O presidente Figueiredo assumiu o governo no momento em que toda a sociedade civil e o partido de oposição, MDB, reivindicavam a redemocratização. Surgiram novas lideranças sem nenhuma ligação aos movimentos existentes antes de 1964, como os sindicalistas do ABC.[39]

Além dessas novas lideranças, a Lei de Anistia propiciou o retorno de políticos de esquerda que haviam sido exilados durante as tensões pós-1964, dentre eles, Leonel Brizola — destacado político de oposição ao regime. Na transição do governo ditatorial para o democrático, cogitou-se a difusão de um sistema multipartidário, que enfraqueceria e dividiria a oposição, e o governo se manteria no poder, mesmo com eleições diretas.

No fim de 1979, a ARENA virou PDS, o MDB virou PMDB, ressurgiu o PTB, e foi criado o PDT e o PT.[40]

Nas eleições de 1982, elegeram-se pelo voto direto do povo todos os ocupantes de cargos legislativos, mas estava excluída a possibilidade de escolha do candidato ao cargo de presidente da República.

Em 1984, o povo brasileiro lutou pelo direito do voto direto para eleições presidenciais com o "Movimento Diretas Já", que tinha como coligação os partidos de esquerda e o apoio popular. Mas, naquele ano, o Brasil não conquistou o direito do voto direto para presidente da República.

Apesar disso, a oposição conseguiu o maior percentual das cadeiras no Congresso, embora não fosse maioria porque estava dividida. Porém, a oposição ganhou o governo nos principais Estados da Federação. Nas eleições presidenciais de 1985, nem os militares da linha de Figueiredo, nem os opositores tinham um consenso quanto ao nome de um candidato para a Presidência da República, e que representasse a "situação". O nome sugerido foi o do político Paulo Maluf, ex-governador de São Paulo, nomeado pelo regime militar. Pela "oposição", o nome indicado foi o do político Tancredo Neves que, através de eleições indiretas do Colégio Eleitoral, tornou-se presidente da República do Brasil.

Finalmente, depois de vinte e um anos, um civil ocuparia o cargo de Presidente da República no Brasil. No entanto, Tancredo Neves morreu antes de tomar posse, e seu vice, José Sarney, assumiu o cargo.

Em 1989, o cidadão iria às urnas para eleições presidenciais depois de décadas; o político Fernando Collor de Mello conseguiu a maioria dos votos necessários para ser eleito presidente, sendo o primeiro presidente eleito por voto direto desde o governo de Jânio Quadros. Posteriormente, dois anos depois de eleito, Fernando Collor de Mello enfrentou um processo de *impeachment* com o apoio da população brasileira — "os caras pintadas" —, por denúncias de corrupção. Neste ínterim, assumiu seu vice-presidente, Itamar Franco.

No governo Itamar, popularizou-se o então Ministro da Fazenda, Fernando Henrique Cardoso, sobretudo, devido às medidas bem-sucedidas de combate à inflação, incorporadas em um plano econômico denominado Plano Real.

Em 1994, Fernando Henrique Cardoso, assumia a Presidência da República, amparado pela popularidade do Plano Real, do governo Itamar Franco.

O combate à inflação trouxe um novo significado à redemocratização, uma vez que os altos índices de inflação eram tidos como uma herança do regime militar. Esse presidente conseguiu governar até ao fim do seu mandato, sendo reeleito em 1998, ainda em razão da estabilidade econômica do Plano Real.

Em janeiro de 2002, Luís Inácio Lula da Silva, o líder sindical que surgiu no cenário nacional durante a ditadura militar, em 1978, assume a Presidência, sendo o primeiro presidente do Brasil de origem operária. Em função da reeleição de 2006, a sua administração seguiu até 2010, quando foi eleita Dilma Rousseff, ex-ministra chefe da Casa Civil, mantendo em curso seu governo até 2014, o ano de novas eleições para a escolha de presidente, deputados estaduais, federais, senadores e governadores no Brasil.

Dilma Rousseff é a primeira presidenta da História do Brasil. Foi eleita com a intervenção direta do ex-presidente Lula, que utilizou de sua grande popularidade para associar sua imagem com a de sua ex-ministra.

Tanto a eleição e reeleição de Luís Inácio Lula da Silva quanto a eleição de Dilma Rousseff simbolizaram a consolidação e o distanciamento da longa história, ainda recente, de governos ditatoriais, diante de processos eleitorais considerados exemplares. De fato, a forma aparente da democracia no Brasil tem se fortalecido, devido ao próprio processo pedagógico e pelo sistema democratizado do regime eleitoral. Porém, não podemos considerar que vivemos em uma democracia justa na distribuição de renda da população e igualdade social e cultural em todos os níveis.

O Índice de Desenvolvimento Humano

O relatório do IDH (Índice de Desenvolvimento Humano), divulgado pela ONU (Organização das Nações Unidas), classificou o Brasil, em 2010, na 73º posição entre 169 países. O IDH é uma medida comparativa que classifica os países com grau de desenvolvimento humano, envolvendo critérios de saúde, educação e renda.

Esse índice é importante, pois mostra a realidade de uma nação diante do mundo e apresenta o cenário do desenvolvimento dos países. Apesar de o Brasil ser classificado como uma nação em desenvolvimento, encontra-se abaixo de onze países da América Latina, como: Chile, Argentina, Uruguai e Peru.

A UNESCO (United Nations Educational, Scientific and Cultural Organization) divulgou, em 2010, o Índice de Desenvolvimento da Educação de todos os países. O Brasil foi classificado em 88º lugar, abaixo de países mais pobres, como Paraguai, Equador e Bolívia.

No último relatório, de 2012, o Brasil apareceu em 85º lugar no *ranking* do IDH.

Apesar da rápida ascensão das classes sociais C e D no Brasil, existem problemas básicos a resolver, como o do planejamento familiar. As pessoas das classes menos favorecidas são as que têm mais filhos. Elas possuem grau de escolaridade menor, têm pouco acesso à informação e dependem exclusivamente da saúde pública. Para haver um planejamento familiar adequado, a escolaridade, saúde e informação são fundamentais em qualquer sociedade.

O Brasil possui 8% da população com ensino superior completo, ao passo que nossos vizinhos, Argentina e Chile, possuem 14% e 13%, respectivamente.[41] A população de analfabetos é de 14,1 milhões entre pessoas com mais de 15 anos de idade, conforme levantamento feito pelo Instituto Paulo Montenegro.

Constatou-se, ainda, por meio do Índice de Alfabetismo Funcional, que apenas 25% dos brasileiros estão plenamente alfabetizados. Significa que ¼ da população deste país conseguiria ler e entender o que está escrito nestas linhas.

Porém, o Brasil caminha no sentido de melhoria dos seus índices. Entre 1980 e 2011, o valor do IDH subiu 31%, saltando de 0,549 para 0,718. Este desempenho foi puxado pelo aumento na expectativa de vida no país (11 anos no período), pela melhora na média de anos de escolaridade (4,6 anos a mais) e pelo crescimento também da renda nacional bruta (RNB) per capita (quase 40% entre 1980 e 2011). Assim como mostra o Quadro a seguir:

Ano	Expectativa de vida no nascimento	Expectativa de anos de escolaridade	Média de anos de escolaridade	RNB *per capita* (PPP$ 2005)	Valor do IDH
1980	62,5	14,1	2,6	7.306	0,549
1985	64,4	14,1	3,2	6.732	0,575
1990	66,3	14,1	3,8	6.978	0,600
1995	68,3	14,1	4,6	7.610	0,634
2000	70,1	14,5	5,6	7.698	0,665
2005	71,6	14,2	6,6	8.260	0,692
2010	73,1	13,8	7,2	9.812	0,715
2011	73,5	13,8	7,2	10.162	0,718

Fonte: PNUD.[42]

De fato, em uma análise de médio prazo, considerando o crescimento das posições do *ranking*, o Brasil poderá estar nos próximos anos entre os 24 países com melhor desempenho de IDH.[43]

Os representantes e os representados

O Brasil está melhorando seu Índice de Desenvolvimento Humano, de acordo com os dados do PNUD (Programa das Nações Unidas para o Desenvolvimento). Todavia, ainda estamos distantes do que podemos considerar razoável para o país. Em uma hipótese, poderíamos pensar que essa seria uma das razões para os protestos.

As passeatas e contestações sempre existiram na história do país, em menor ou maior grau de intensidade. Mas, consideremos o Movimento Passe Livre (MPL) e os atos de violência contra os manifestantes como a "faísca" que deflagrou as diversas manifestações que colocaram em xeque os representantes políticos brasileiros.

Depois da iniciativa do Movimento Passe Livre, apareceram outras inúmeras manifestações nas ruas, com diferentes objetivos. Nem todos com a mesma organização e objetividade que apresentou o MPL, no entanto, podemos dizer que o pavio foi aceso com a população nas ruas.

Os protestos pelo Brasil indicaram um descompasso entre representantes e representados. Os políticos que são eleitos para defender os interesses da sociedade por vezes agem em causa própria, conflitando com interesses públicos.

Se alguns políticos não demonstram consideração para com seus eleitores, o mesmo parece recíproco por parte de eleitores que participaram das passeatas. A população manifestou descrença e certa hostilidade aos políticos. Quando questionados nas ruas sobre representantes políticos, os cidadãos respondiam com veemência: "Ninguém me representa"!

Os representantes perderam muito da "ligação" que possuíam no passado com os grandes movimentos políticos e sociais e com os seus representados no Brasil. Podemos observar em uma leitura rápida dos próprios cartazes e nas falas expressadas durante as manifestações que o interesse do político em relação ao seu eleitorado resumiu-se ao voto. Salvo as exceções.

Por isso, um dos motivos da descrença dos manifestantes são os interesses pessoais dos políticos que se opõem aos interesses coletivos da população. Para termos uma ideia, ativistas ficaram acampados durante nove dias, a partir de 29 de junho de 2013, na Câmara de Belo Horizonte, na sede do Poder Legislativo, protestando contra a tarifa dos transportes públicos.

Além das passeatas, houve acampamentos montados na sede de governos e até na porta da residência de políticos, como o do Governador do Rio de Janeiro, Sérgio Cabral, durante onze dias.

No entanto, se os políticos são eleitos pelas mesmas pessoas que estavam nas ruas, como não poderiam estar atentos aos protestos? Essa foi uma das razões que levaram certos políticos a se preocupar com as manifestações.

Na visão de alguns deles, a questão é: "Como o protesto afetará as próximas eleições?".

O representante é um símbolo, uma imagem que se projeta para o futuro. O modelo de político que se espera é feito, principalmente, de ética e trabalho, de olhos voltados para as demandas da sociedade com efetivas ações, servindo de símbolo para o crescimento e desenvolvimento em todos os setores da nação, de modo que a história de um país seja construída com a participação popular.

O descompasso entre representantes e representados caracteriza a ausência de alinhamento entre os políticos e o povo. A democracia depende também do Sistema Judicial para criar esse alinhamento.

O pesquisador e advogado Fábio de Sá Silva, cita as observações do intelectual Boaventura de Souza Santos: "A revolução democrática da Justiça nunca poderá ocorrer sem a revolução democrática do Estado e da Sociedade".[44] E Silva complementa ao lembrar que ambas dependem entre si para surtir efeito na mudança política e social.

Portanto, o Sistema Legislativo necessita rever-se, permanentemente, e estar em conformidade com aquilo que se entende por uma sociedade vivendo no Estado de regime democrático e esta última com aquele.

Porém, a democracia nem sempre é construída adequadamente. Às vezes, é feita pelo próprio carrasco daquele que é eleito e mantém a incoerência entre o discurso democrático e a ação repressiva, destoando da harmonia entre o poder legislativo e o Estado democrático.

Poderíamos, então, chamar de Estado plenamente democrático o poder repressivo sobre manifestantes pacíficos?

Sabe-se que a repressão é considerada um resquício da ditadura militar no Brasil, dos chamados "anos de chumbo".

Nas ruas, observamos a revolta contra um tipo de democracia que não se parece em nada com a representativa popular. Vivemos um simulacro de representação em que o cidadão foi desmoralizando a política, insinuando a sua falência.

Ser contra tudo é uma opinião genérica, que não nos dá um caminho preciso, mas chama a atenção pelo seu intenso grau de insatisfação. O escritor Luís Fernando Veríssimo afirmou em entrevista sobre os protestos que, para a população brasileira, "O inimigo é tudo, inclusive a ideologia".[45]

Não podemos generalizar as opiniões dos protestos ao imenso contingente de manifestantes nas ruas e nas redes sociais.

Neste primeiro momento, o protesto sem uma direção exata, seguindo a mão única na rua, que gerasse uma agenda de discussão, foi mais uma multiplicação de reivindicações do que a subtração de propostas. Isso porque o sistema de governo não criou condições para a formação política do cidadão de alguns anos para cá.

A maneira de o jovem firmar uma opinião política, em virtude da formação que lhe foi privada pelo sistema, configurou-se na diversificação de propostas da massa, e sem criticá-lo, vemos um lado positivo, é na diferença de opiniões que existe o conflito, algo propício para o amadurecimento da reflexão a respeito da política, sobretudo, para quem pouco se habituou aos debates políticos.

A revolta foi o modo encontrado pelo jovem, que a partir dos protestos nas redes sociais levaria às ruas as manifestações populares, abrindo um canal de comunicação com os governos; pois, não havia um canal que pudesse ser utilizado entre o cidadão e o governo. Esse canal tinha sido fechado há muito tempo.

Foi necessário que a internet abrisse um espaço para que o jovem expressasse suas indignações e, ao se organizar, fosse às ruas com os cartazes nas mãos, e visse o poder do cidadão político retornar para si com os olhos do governo voltando à atenção às suas reivindicações.

Após a intensa revolta os protestos cessaram, vivendo um período de trégua. Apesar disso, os ativistas digitais estão acompanhando, acuradamente, o processo político pós-revolta das ruas. Mas nada garante que essa trégua permanecerá por muito tempo; o que se percebe é que há um grande monitoramento dos ativistas digitais sobre os procedimentos dos governos. Os jovens estão com as mãos sobre o teclado do computador para, a qualquer instante, clicarem o botão que dará reinício às manifestações.

E se haverá mudança positiva da política após a revolta no país e se as crises de representatividade serão resolvidas ou não, saberemos durante as eleições de 2014, quando a população brasileira irá às urnas eleger ou não seus "representantes".

As estratégias "iniciais" do governo

O governador do Estado de São Paulo, Geraldo Alckmin, e o prefeito da cidade de São Paulo, Fernando Haddad, em um primeiro momento, procuraram ignorar as manifestações promovidas pelo Movimento Passe Livre. Alegaram que era "irrealista" a reivindicação de revogar o aumento da passagem do transporte público. Mas os protestos foram se repetindo e ganhando aliados, o que resultou em constrangimentos por parte do governador e do prefeito, tendo que discutir com o MPL a pauta sobre o aumento dos transportes públicos em São Paulo.

No momento em que o barril de pólvora explodiu, uma das estratégias do prefeito Haddad foi a de convidar os integrantes do MPL para uma reunião do Conselho da Cidade.[46] O objetivo era ouvir os conselheiros a respeito da redução da tarifa. A maioria argumentou nessa direção, porém, o prefeito insistiu na tese da impossibilidade de atender tal pauta.

O desfecho da história ficou conhecido. Na tentativa da administração do prefeito procurar estabelecer um diálogo institucional entre a prefeitura e o MPL, as dificuldades se apresentaram de imediato, não havia um líder, ou grupo de líderes, havia representantes do movimento que receberam números técnicos financeiros, justificando a impossibilidade de diminuir as tarifas dos transportes públicos. Esses argumentos estatísticos dos técnicos da prefeitura paulistana foram amplamente rejeitados pelos representantes do MPL, os quais defendiam que o aumento das passagens "pesaria no orçamento do usuário", que já paga por um transporte público com serviços de má qualidade. A argumentação das autoridades da prefeitura não fazia sentido para o grupo.

Na tarefa de falar com a imprensa ou os governantes, os ativistas se revezavam, evitando a personalização de uma pessoa, esquivando-se da construção da imagem de líder carismático.[47]

Na medida em que não há uma ou mais pessoas permanentes para dialogar, torna-se difícil para o governo agir em defesa de seus interesses.

O prefeito e o governador de São Paulo cederam às pressões e revogaram o aumento da tarifa dos transportes públicos, enquanto outras cidades também reduziam o preço do transporte.

A força da população seria testada, pela primeira vez, desde o início das intensas manifestações de junho de 2013.

Depois surgiu a votação para derrubar a PEC 37 (Proposta de Emenda Constitucional). Votada em caráter de emergência pela Câmara dos Deputados na noite de 25 de junho de 2013. Com as galerias tomadas e um clima de muita agitação, a votação teve como resultado final 430 votos contra, 9 votos a favor e 2 abstenções, derrubando a proposta.

Então, foi a vez do projeto que destinou os *royalties* do petróleo aos setores de saúde e educação.

Críticas surgiram quando apareceram nos cartazes questões sobre as verbas não destinadas à saúde e educação e os altos investimentos nos estádios de futebol, com financiamentos da ordem de 53% pelo BNDES (Banco Nacional de Desenvolvimento Econômico e Social), autorizando R$ 3,8 bilhões para a reforma e construção das arenas que sediarão a Copa do Mundo de 2014; além de recursos próprios dos governos estaduais, municipais, do Distrito Federal e de outras fontes.

A primeira medida da presidenta foi declarar que "jamais permitiria que esses recursos saíssem do orçamento público federal, prejudicando setores prioritários como a saúde e a educação", mas a metade da verba prevista foi fruto de financiamento do governo.

Depois Dilma Rousseff reconheceu o valor dos protestos, fato inédito de governos, que dificilmente legitimam ações de protestos populares. Em uma fala destinada à nação, após cidades servirem de campo de batalha com atos de violência de ambos os lados e milhares de manifestantes pacíficos reivindicando mudanças, a presidenta condenou àqueles que destruíram patrimônios públicos e privados, ou se mostraram violentos, e ratificou o valor daqueles que se manifestaram de maneira pacífica.

O problema que se colocou para a presidenta é semelhante àquele que se apresentou ao prefeito de São Paulo: como estabelecer um diálogo institucional com os manifestantes? E como absorver algumas de suas pautas, rapidamente, para "acalmar" os ânimos das ruas?

Evidentemente, seria necessário mais do que sentar com os integrantes dos movimentos sociais para recuperar a confiança que a maioria dos brasileiros havia perdido — o que foi confirmado por pesquisas de opinião.

Nenhum governo, que se diz de esquerda, pretende ser acusado de dialogar com os movimentos sociais somente através da polícia, que é uma prática comum da direita.

Entenda-se aqui "direita e esquerda" como juízo de valores comuns ao universo político expresso, especialmente, por partidos políticos. Contudo, não se restringindo somente a eles.

A esquerda diz respeito à busca de maior igualdade social e a direita menor; a direita ainda justifica a desigualdade social em virtude da livre concorrência, indolência e incompetência da população carente.[48]

Em termos fundamentais, podemos distinguir direita e esquerda nos valores dos movimentos sociais. O Movimento Passe Livre é inequivocamente um movimento de esquerda; enquanto expressões que discriminam os homossexuais são veementemente de direita, não reconhecendo o direito da igualdade e o respeito à diferença de orientação sexual de cada cidadão.[49]

No pronunciamento à nação a presidenta mostrou-se aberta ao diálogo com os movimentos populares, propondo cinco pactos político-sociais:

1. Responsabilidade fiscal e controle da inflação;
2. Reforma Política;
3. Reforma na Saúde;
4. Reforma na Educação Pública;
5. Reforma nos Transportes Públicos.

O objetivo é, evidentemente, fazer com que a população sinta-se participante ativa em um momento fundamental da política. Contudo, Dilma Rousseff disse que realmente "entendeu os recados das ruas". Nesse particular, a presidenta e os políticos estão procurando de maneira acertada, e também equivocada, de diminuir a distância entre o povo e os políticos.

A política para além da eleição

É importante para a política caminhar para além do voto eleitoral, como uma cultura a ser criada.

As pessoas não sobrevivem de promessas. Não basta o Brasil lutar para sair da 6ª posição de potência econômica no mundo e passar para a 5ª potência mundial, enquanto permanecer classificado entre as nações com os piores índices de educação, saúde e transporte público no mundo.

A desigualdade social marcante no país também revela a distância entre os políticos e a sociedade em geral. As pessoas que protestam nas ruas e igualmente aquelas que não se manifestam dessa forma desaprovam, por pesquisas realizadas através de empresas e órgãos especializados, a baixa qualidade dos serviços públicos.

A postura ética e o trabalho sério, com ações efetivas, e em conformidade com as reivindicações mais frequentes da população brasileira, poderão ser o ponto de partida para a mudança.

Resumindo, nas palavras de Mahatma Gandhi:

"Você nunca sabe que resultados virão da sua ação. Mas, se você não fizer nada, não existirão resultados".

Manifestantes em Florianópolis-SC, dia 20/06/2013. As tarifas do transporte público e a corrupção eram os principais temas do movimento.
Foto: Anderson Pinheiro – Futura Press/ Estadão Conteúdo

CAPÍTULO 5
SER POLÍTICO SEM PARTIDO POLÍTICO

"Liberté, Egalité, Vinagré."
Frase anônima escrita em cartaz durante os protestos.

Antipartidário e apartidário

De acordo com Aristóteles: "O humano é um animal político". Ele fala, pensa e desenvolve-se socialmente, se constrói em uma sociedade política, e se torna um ser político.

Somente coletivamente seria possível a realização humana em sua plenitude. A sociedade política é uma necessidade e um bem elevado do indivíduo e da coletividade. Por isso, os homens se associam e formam as aldeias, as cidades e o Estado.[50]

Para o filósofo Hegel, o Estado é aquilo que existe de mais elevado da racionalidade humana, em termos, administrativos e políticos.[51]

O humano não se associa apenas para satisfazer seus interesses imediatos: segurança, reprodução, alimentação, habitação. O humano tende a ir além, procura realizar suas potencialidades, e isso somente pode ocorrer enquanto ele for *sujeito político*.

As manifestações que eclodiram por todo o Brasil são expressões políticas em sua essência. Os sujeitos se apropriaram dos espaços públicos e colocaram em xeque os partidos políticos. Questionaram aqueles que estão na máquina do Estado, em tese, nos representando, na situação ou na oposição do poder.

Os protestos evidenciam a crise de representação.[52]

A população interviu no processo político do país, muitas vezes, em favor dos interesses de um segmento social. Isso pôde ser visto no caso dos médicos, que insurgiram contra a proposta de contratação de médicos estrangeiros pelo governo federal, manifestando-se na Avenida Paulista, em São Paulo, no dia 3 de julho de 2013,[53] e em outras cidades, como Passo Fundo, Rio de Janeiro, Curitiba e Brasília.

Nesse episódio, a classe médica se organizou levada pelas declarações da presidenta Dilma Rousseff de que o Ministério da Saúde traria profissionais da área médica de outros países para suprir a carência de profissionais nas periferias e em pequenas cidades do interior do país.

O problema da falta de investimento no SUS e o *déficit* em hospitais, desde a falta de leitos até equipamentos obsoletos para exames, teriam que ser superados, ainda que os médicos estrangeiros venham ao Brasil.

Contudo, é grave constatar a existência de 1,8 médicos por mil habitantes no Brasil, um número baixo, principalmente se comparado à Alemanha com 3,6, à Argentina com 3,2, ao México com 2,0 e à Venezuela com 1,9; e torna-se mais grave ainda se olharmos para o Norte e Nordeste, com 1,01 e 1,23 respectivamente, ou o Maranhão, cujo número é de 0,58 por mil habitantes.[54] Precisamos no mínimo dobrar o número de médicos por mil habitantes no país para melhorar o atendimento à população.

No entanto, se olharmos por onde as manifestações se enraizaram, ainda que as categorias profissionais de médicos, advogados e professores protestem; veremos o estopim das inúmeras manifestações no mês de junho de 2013, com o Movimento Passe Livre, um movimento político de esquerda. Porém, nas ruas, a direita também esteve presente, assim como a ultradireita, além de pessoas que procuraram se desvencilhar de tais classificações por considerá-las ultrapassadas.

O fato é que as categorias direita e esquerda e outras classificações oriundas desse universo político de maneira implícita ou de forma mais evidente, foram às ruas. A dualidade e as derivações deixaram de ser ligadas à ideia de partidos políticos. Aliás, os protestos foram direcionados a todos os partidos: de direita, esquerda, centro, centro direita e centro esquerda.

Logo, os protestos de grupos e indivíduos que se colocaram sem partido político não deixaram de manifestar seus valores, os quais podemos situar no universo político de direita e de esquerda, ou nas derivações desses conceitos.

Quanto à ideia de cidadão "sem partido", cujas críticas foram feitas na mídia, desde levantar a hipótese do posicionamento político fascista desses cidadãos até o direito de assim se manifestarem, encontraria duas conotações diferentes: ser antipartidário ou ser apartidário.

Ser antipartidário significa, às vezes, não considerar a história, e ser contra a participação dos partidos políticos nos atos. Em uma visão maniqueísta, como se eles fossem representantes do mal; por isso, a necessidade de expulsá-los. Nesta ação, os partidos são demonizados.

Quanto a ser apartidário, significa considerar a história e optar por não seguir o direcionamento de nenhum partido.

As sutilezas das categorias políticas de direita, centro e esquerda que operam no universo político, são muitas vezes evidentes e explícitas, e outras são implícitas — não sendo tão claras.

Na proposta e postura do Movimento Passe Livre, a posição explícita de esquerda era notória, e extremamente oposta aos grupos de direita, no caso ultradireita, que gritaram para expulsar os partidos e entidades que empunhavam bandeiras vermelhas.

Todavia, quando algumas pessoas afirmavam durante a passeata não serem nem de esquerda, nem de direita ou do centro, criou-se uma dúvida de posicionamento político, porque até na ausência de uma postura política, há uma postura política.

Segundo Aristóteles, nenhum homem é apolítico, nenhum homem é desprovido de posição política e, necessariamente, ele adota uma posição politizada, ainda que negue ser de direita, centro ou esquerda. O que é diferente não ter uma posição partidária definida ou não filiar-se a qualquer partido.

Ainda que ele continue afirmando não possuir partido, ele possui uma ideologia, possui uma posição política, que está além de qualquer partido. Está nos princípios que regem uma sociedade, seja ela nazista, fascista, comunista, neoliberalista ou qualquer outra.

A esquerda revolucionária, a direita e o anarquismo

No contexto da Guerra Fria, onde se rivalizavam a União Soviética e os Estados Unidos, ser de esquerda significava ser revolucionário, ao passo que ser de direita significava não ser revolucionário.

Ser revolucionário tinha o sentido de propor uma sociedade que seria a superação da sociedade capitalista; uma sociedade comunista, uma sociedade além do Capital.⁵⁵ Esses significados de esquerda e de direita ainda repercutem muito forte nos dias de hoje.

É comum aquele que se define como de esquerda, "no sentido de ser revolucionário", se autoproclamar como a verdadeira e única esquerda, seja ela anarquista, marxista ou qualquer de suas múltiplas tendências. Nessa perspectiva, é incompatível definir-se como de esquerda se não houver como objetivo superar o capitalismo.

No encadeamento da Guerra Fria, o mundo é pensado em uma divisão entre capitalistas e socialistas. Não há outras possibilidades além dessas duas opções: ou a pessoa é socialista, logo, de esquerda, ou a pessoa é capitalista, logo, de direita. Nesse novo momento, ser de direita e ser de esquerda significa dois projetos ideológicos de mundos distintos.

A direita defende "o projeto do mundo capitalista", logo, procura "conservar" e aperfeiçoar a sociedade atual. Esse é o projeto da direita.

O projeto da esquerda trata-se da construção de um "mundo novo", e uma nova sociedade somente será possível com a superação do sistema capitalista.⁵⁶

Quanto ao anarquismo, ele trata de uma proposta de sociabilidade "sem Estado". Em outras palavras, a sociabilidade é a capacidade natural de convivermos. No anarquismo todos se "autogovernariam". Ser anarquista é ser contra qualquer tipo de ordem hierárquica, é rejeitar sistemas de governo que lideram a sociedade.

O anarquismo é um movimento político-social que surgiu entre os séculos XVIII e XIX, na Europa, contando com diferentes pensadores renomados, como William Godwin, Pierre-Joseph Proudhon, Mikhail Bakunin e tantos outros.

Uma sociedade anarquista seria avançada em termos culturais, seria uma sociabilidade que superaria, e muito, o modo de vida capitalista, comunista e socialista. De forma nenhuma significa caos, bagunça, desordem, destruição e baderna — termos que lhe são atribuídos como sinônimo erroneamente.

Para o anarquismo adotar uma sociedade sem governo, significa a liberdade total na vida humana. Há diferentes tendências anarquistas, como anarcocomunismo, anarquismo socialista, anarcocapitalismo, anarquismo belicista, anarquismo pacifista, dentre outras. O anarquismo belicista acredita na existência do confronto violento como meio de concretizar uma transformação social, defendendo a desobediência civil (caso dos grupos Black Blocs). Ao passo que o anarquismo pacifista (anarcopacifismo) coloca-se contra qualquer tipo de violência e aproxima-se mais do projeto libertário, da emergência de um sentimento puro, refletido na frase de George Woodcock: "(...) a força moral de um único homem que insiste em ser livre é maior do que a de uma multidão de escravos silenciosos."

Há várias correntes de anarquismo, porém, coincidentes na proposta de abolição das hierarquias; são projetos, no mínimo, transgressivos e efetivamente revolucionários. Um risco para a concepção da existência de governos.

Muitos grupos que protestaram nas ruas são perceptíveis à influência anarquista, como também inúmeros indivíduos bem intencionados, no sentido, que agem para evitar as hierarquias, a personalização e as negociações verticais; ou seja, ninguém se encontra acima de ninguém, todos são iguais, não se faz necessário um representante "eleito", ou determinado pelo "destino" ou por "carisma" para conduzi-los. Não há líderes no movimento, todos são líderes por autodefinição. Esse foi o cenário visto durante os protestos populares pelo Brasil.

O anarquismo é uma bandeira ainda de cunho filosófica e humanista, uma ideologia que se alimenta do desejo da liberdade humana na sociedade. Às vezes chamado de utopia, às vezes chamado de sonho ou de esperança. Talvez com a haste da bandeira erguida por "loucos" ou "sonhadores". Mas, é a alma singela que alimenta as forças para lutarmos por uma verdade na qual acreditamos, chamada "liberdade".

O que, nas palavras de Martin Luther King se resumem:

"Porque o que me preocupa não é o grito dos maus. É o silêncio dos bons."

Praça Sete, em Belo Horizonte, dia 20/06/2013. Os protestos já haviam tomado conta das principais capitais e cidades brasileiras.

Foto: Lucas Prates – Hoje em Dia/Estadão Conteúdo

CAPÍTULO 6

NASCE UMA NOVA DEMOCRACIA NO BRASIL?

> "Essa democracia é uma sociedade de proprietários para defendê-los contra os que nada possuem."
> *Leon Tolstoi*

A roda d'água da democracia

Nos primórdios da democracia, ela foi tratada como uma pedra preciosa ainda em estado bruto, cujas discussões com os cidadãos aconteciam, e se lapidavam as ideias com propostas para a sociedade, até torná-las aprovadas no consenso da maioria, adaptadas ao que realmente importava para a realidade social, sem que houvessem interesses individuais ou partidários envolvidos: o bem-comum e a ética andavam de mãos dadas.

As sólidas estruturas da democracia bastavam aos seus propósitos.

Há alguns anos, a democracia tornou-se um cubo de gelo presa em uma caixa, derretendo lentamente, até escoar pelas fissuras da caixa, deixando-a vazia.

A democracia do século XX não sobreviveria no século XXI, tal como a conhecemos, principalmente, se levarmos em conta as mudanças sociais, políticas e econômicas causadas pela globalização e pelas novas tecnologias.

Para o sociólogo Zygmunt Bauman,[57] o caráter sólido e estrutural da modernidade no mundo se desfaz do aparente estado permanente e indissolúvel, antes arraigado no sistema, carregado de noções apenas da política local em contrapartida ao poder global, não se provando suficientemente sólido para resistir à pós-modernidade. Dessa forma, o caráter transitório e efêmero da modernidade tornou-se frágil diante das estruturas montadas no século XXI, como um castelo de areia à beira mar é arrebatado pela força das ondas.

Na pós-modernidade, esse caráter líquido se dissolve, não permanecendo por muito mais tempo, ele perece como tudo o que muda rapidamente, esgota-se e torna-se obsoleto, antes mesmo de atingir o *status* de novo. É o fim das receitas prontas e acabadas. Assim, o sólido perdeu o sentido de existir na era da pós-modernidade.

As relações humanas pós-modernas são fluidas como as águas que escoam, se espalhando, refeitas todos os dias em um movimento dinâmico. Vemos nas redes sociais as relações mudando, se fazendo, se refazendo e se desmanchando. O cubo de gelo alterou sua forma e mudou suas estruturas para sobreviver. Somos a água que flui rapidamente, surpreendidos pelas diferentes realidades que se apresentam a nós no cotidiano social.

Esse é o desafio da democracia, sair do estado sólido e passar ao estado líquido, sem deixar de ser democracia.

Vamos imaginar uma roda d'água na beira de um lago, atingida por uma pequena cachoeira. A água cai pelo declive do solo para as aletas seguras na roda, e cada aleta transfere o conteúdo de água para outra aleta, e assim sucessivamente, movendo a roda que está segura por um eixo central. Finalmente, a água cai sobre um grande lago, renovando sua vitalidade e gerando energia hidráulica ou mecânica. A roda, por sua vez, gira indefinidamente e a água flui para o lago.

A roda da democracia no Brasil girava lentamente, e às vezes emperrava o seu eixo. Víamos o lago com a última gota na terra, sobre seu mais profundo declive, vivendo um duro período de estiagem. Não havia esperanças.

Nessa metáfora, a roda da democracia precisa girar para criar o movimento social, político e econômico em todas as suas instâncias, liberando o eixo central do poder político em suas decisões.

Mas o que faz a democracia girar como uma roda d'água?

É a população, que como uma torrente de água desce sobre as aletas presas na roda, impulsionando a força da roda para girar, estabelecendo o movimento da democracia.

Todavia, esse movimento democrático foi se estabelecendo como vimos na mídia, inicialmente pelos agentes das redes sociais, que postavam mensagens e depois se reuniam nas ruas. Eles faziam o papel das aletas, que passam a água de um compartimento para outro, distribuindo informações, em plena conectividade, sem uma hierarquia de liderança, ao contrário, com uma multiplicidade de informações espalhadas pelos seus membros nas redes sociais.

Nesse sentido, é preciso que os três elementos da roda d'água estejam alinhados e cumpram suas funções, caso contrário, a roda não irá girar, o lago ficará seco, não renovará suas águas e as aletas estarão vazias, sem que haja qualquer tipo de conexão entre elas.

Segundo o pesquisador Sérgio A. F. de Souza: "Mais do que uma era de mudanças, estamos protagonizando uma mudança de era".[58]

Afinal, estamos mudando a era para uma nova democracia ou reinventando a roda da democracia nesta era?

A presidenta Dilma Rousseff propôs o plebiscito, e os representantes do governo geraram uma intensa discussão sobre o tema, até rejeitá-lo; o que apontou para a intenção de ativar a roda da democracia com a participação popular nas decisões do país; porém, a atitude da presidenta gerou controvérsias entre políticos da base aliada e oposição, que lançavam dúvidas vindas de outros políticos e técnicos do governo.

O plebiscito foi arquivado no Congresso, e se o problema é legislativo ou técnico, não cabe aqui discutirmos, mas disso pode-se tirar uma lição: que o distanciamento entre a população com relação ao poder dos políticos fortalecem algumas bases partidárias e enfraquecem outras, mas mantêm a distância popular das decisões.

Essa discussão é mais ampla do que imaginamos. É um passo para a democracia, é um passo para a reforma política, é a prova real que a população movimentou a roda da democracia; porém, há uma grande diferença entre girar a roda todos os dias e movê-la ocasionalmente.

Se no século XXI as relações humanas envolvem, dentre tantas expressões, as ideologias e os valores pessoais, não é apenas um usuário que senta na frente do computador ou carrega o celular nas mãos, é a sociedade que se move para todos os lados, comunicando-se entre si, trocando sensações e ideias. E será por ela que seremos levados para descer o curso do rio e ativar a roda da democracia.

É a roda que gira e não a água. A água flui para a roda girar, e renova as forças do lago.

Cada agente na rede social gera uma contingência, um estado de mudança que nos deixa com as incertezas na vida, inclusive sobre a democracia.

Portanto, não se trata do compartilhamento de informações entre usuários no espaço virtual, trata-se da multiplicidade de espaços, de criar relações, de laços que são atados por nós apertados.[59]

A democracia precisa desses laços para existir, a troca é, por princípio, fundamental.

A "socialidade",[60] que Castells chama, cria condições para que grupos formem suas identidades a partir de interesses comuns.[61]

A democracia precisa deixar de ser uma ideia para ser uma atitude social. São as pessoas que movimentam a democracia, tornando-a viva como a água corrente que se espalha sobre o lago.

É o próprio movimento da democracia que reinventa a democracia.

A democracia é interativa, das participações populares, desde as redes sociais aos protestos de rua. Uma imensa simbiose de corpos e mentes, partilhando experiências.

A sociedade pós-moderna se estabelece por conexões. A conexão nas redes é, por natureza, heterogênea, como deveria ser a democracia; pois é na diferença que nos tornamos seres melhorados, crescemos como indivíduos.

O poder está sendo realocado, como diria Zygmunt Bauman, ele está derretendo o gelo da modernidade.

As águas que fluem entre as águas, espalham e misturam opiniões, ideologias e ideais, sem que um ponto central crie a direção do caminho; pelo contrário, é a falta de um centro que distribui as informações. Quando não há centro, a referência passa a ser maior do que a informação.

A democracia não pode ser somente uma ideia criada, ela é a invenção de uma ideia que transforma outras ideias em democracia.

A democracia se faz com paixões e ideologias. O cidadão decidirá o quanto investir na democracia. Uma paixão coletiva, que estaria além de qualquer indivíduo, que estaria no movimento da roda d'água, girando os desejos e sonhos de cada um de nós.

A verdadeira democracia é tão apaixonante que nos esquecemos de nós mesmos.

DESCULPE O TRANSTORNO. ESTAMOS MUDANDO O PAÍS.

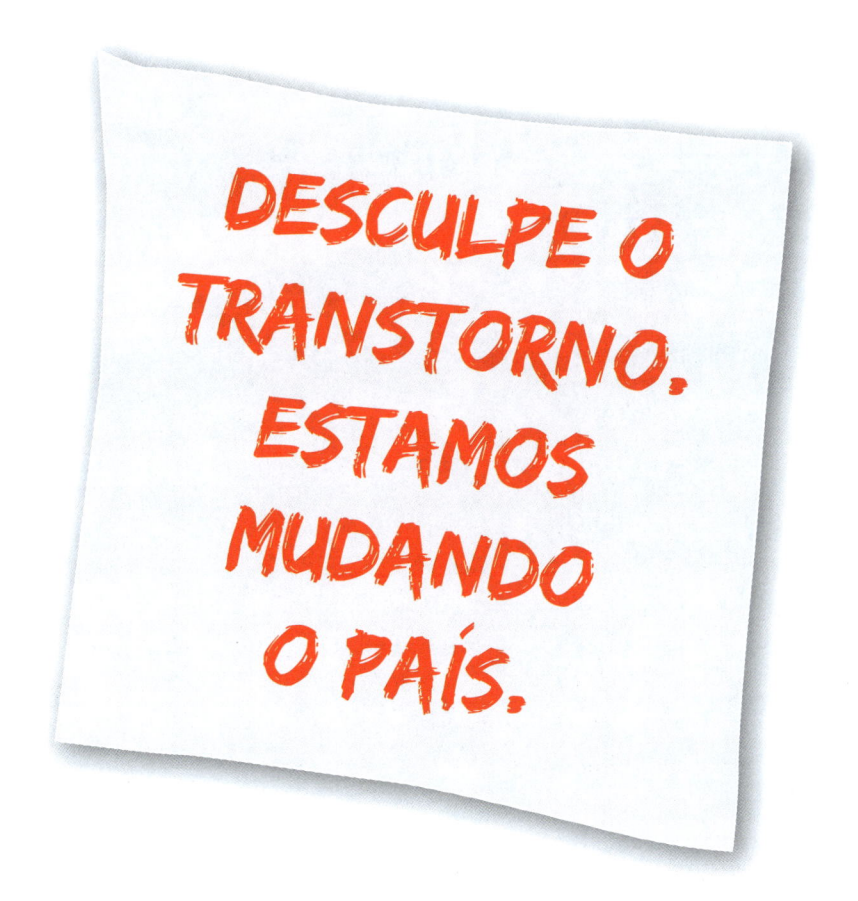

"Frase em cartaz de manifestante, durante os protestos"

Protesto nas ruas de Curitiba-PR, dia 17/06/2013, mobilizando milhares de manifestantes contra as mesmas causas que estavam "sacudindo" as estruturas de poder no Brasil. Foto: Agência Estado – Franklin de Freitas/Estadão Conteúdo

CAPÍTULO 7

A ÓPERA DAS RUAS QUE CANTA À BEIRA DO LAGO

"A gente tem que sonhar, senão as coisas não acontecem."
Oscar Niemeyer

No dia 20 de junho de 2013, cerca de 1,5 milhão de manifestantes foram às ruas em aproximadamente 120 cidades brasileiras. A presidenta Dilma Rousseff legitimou os protestos populares em declaração à nação no dia seguinte.

O fato do poder presidencial reconhecer o caráter legítimo de forças não instituídas é incomum.

Quando a população foi às ruas protestar, havia muitas dúvidas sobre o que estava acontecendo. Os governantes declaravam que havia suspeitas de partidos de extrema esquerda ou de direita envolvidos, ou pessoas da oposição inescrupulosas que teriam organizado grupos radicais e indivíduos infiltrados para criar o caos nas eleições de 2014.

Não era nada disso. Quem estava nas ruas era o cidadão brasileiro, que protestava.

Conforme as manifestações aumentavam no país, os políticos dos partidos se deram conta do que estava acontecendo. Havia centenas de cidades e pessoas de todas as classes sociais e de diferentes idades envolvidas espontaneamente, com diversas reivindicações e sem que houvesse uma única pauta.

Foi o maior "tapa com luva de pelica" do século. O povo estava indo às ruas como um trator feroz, passando por cima de partidos, imprensa e políticos. "Não me representa", eles diziam.

Foi quando a presidenta reconheceu os protestos populares, sem qualquer instituição legal perfilhada que os amparasse.

Por um lado, a soberania do Estado democrático no Brasil foi testada, e como prova, atribuiu legitimidade aos protestos – diferentemente de países que negam os protestos populares e os reprimem com violência. Por outro lado, se o governo federal não reconhecesse o movimento popular como legítimo, estaríamos fora do Estado democrático.

O pronunciamento presidencial foi receptivo às manifestações das ruas. Segundo a declaração feita em 21 de junho: "Como presidenta, eu tenho a obrigação tanto de ouvir a voz das ruas, como dialogar com todos os segmentos...".

A legitimação dos protestos populares foi uma vitória histórica que os manifestantes conquistaram.

Todavia, nenhum Estado democrático dialoga usando violência policial contra manifestantes pacíficos. Nos primeiros protestos de junho de 2013, a repressão policial foi violenta, culminando com cidadãos e jornalistas presos, feridos com balas de borracha e intoxicados com gás lacrimogêneo.

A cultura do regime militar dos anos de 1960, que era a de reprimir protestos e coibir qualquer tipo de manifestações contra a política de poder dos militares, acabou incorporada por uma polícia militarizada, que com ações rígidas de controle procurou, em um primeiro instante, silenciar a população nas ruas. Somente depois da legitimidade dos protestos eles foram poupados de violência, salvo as exceções de grupos radicais.

Após o fim do regime da ditadura, não houve mudança nos valores de segurança e nas táticas adotadas sobre os protestos no país. O modelo militarizado de segurança ficou intacto.

A herança da ditadura militar no Brasil permaneceu como um DNA desde o golpe de 1964, infectando a democracia brasileira. No Estado democrático, a polícia não pode usar os mesmos mecanismos que um Estado ditatorial usa. Criar novos modelos de segurança requer rever os princípios em um regime de Estado democrático, cuja força policial e o poder dos governos sejam alinhados com os direitos da sociedade civil.

Os jornalistas também sofreram represálias, alguns foram presos e outros feridos com balas de borracha disparadas pela polícia. A mídia tradicional, na primeira fase dos protestos, de 6 de junho a 13 de junho de 2013, evitava comprometer a imagem do governo com as manifestações populares. Depois de 13 de junho, ela mudaria seu discurso. Ainda assim, certos veículos de comunicação de massa resistiram, gerando a hostilidade em alguns manifestantes, que atearam fogo em carros de reportagens, impedindo os jornalistas de trabalharem e protestando contra as emissoras de televisão.

A mídia tradicional balançou quando manifestantes acuaram jornalistas, acusando certos veículos de comunicação de filtrarem as informações e editá-las, rotulando os manifestantes de vilões dos protestos. Esses veículos de comunicação foram colocados no mesmo patamar de repulsa que ficaram os políticos e os partidos políticos.

Além desses incidentes, os manifestantes diziam que não precisavam deles para veicular os protestos, porque as redes sociais já haviam feito o papel que eles não fizeram.

As empresas de comunicação, principalmente as emissoras de televisão, ficaram estarrecidas. Algo que jamais havia acontecido antes. A expressão comumente usada para denominar a mídia – o "quarto poder" – tinha sido abalada. Profissionais de comunicação chegaram ao ponto de retirar o logotipo da emissora dos microfones e câmeras, para conseguirem fazer as matérias.

De repente, o poder estava nas ruas sem que houvesse qualquer tipo de controle sobre ele. As ruas haviam se tornado um local de manifestações populares sem líderes e sem o apoio das instituições sociais e políticas. Era somente o povo protestando.

As ruas haviam se tornado o local mais intenso e febril da democracia do Brasil.

Todos os acontecimentos vistos aqui, e outros além dos fatos contidos nesta obra, denotam um novo passo da política brasileira e também da população brasileira. O que está por vir é uma mudança que pode ou não fortalecer e modernizar a democracia em nosso país, o que dependerá de um conjunto complexo de fatores, que hoje está entre o poder dos governantes e o poder da população brasileira.

O que, nas palavras de Renato Russo se resumem:

"Nunca deixe que lhe digam que não vale a pena acreditar nos sonhos que se têm ou que os seus planos nunca vão dar certo ou que você nunca vai ser alguém...".

Manifestantes protestam em Porto Alegre, dia 20/06/2013. Os alvos dos protestos eram os mais diversos problemas do Brasil, como o aumento abusivo das tarifas dos transportes públicos, os gastos exorbitantes com a Copa do Mundo, a corrupção no governo e as mais diferentes causas.
*Foto: Flavio Ferreira –
Futura Press/Estadão Conteúdo*

NÃO ADIANTA ATIRAR, AS IDEIAS SÃO À PROVA DE BALA

"Frase em cartaz de manifestante, durante os protestos"

Notas

1. O Movimento Diretas Já tinha como objetivo o direito ao voto direto para eleições presidenciais pelo povo; reuniu cerca de 1,5 milhão de pessoas no Vale do Anhangabaú, em São Paulo, e espalhou-se por diversas cidades no Brasil. O movimento pelo *impeachment* contra o presidente Fernando Collor de Mello mobilizou 750 mil pessoas nas principais capitais brasileiras.
2. Revista Época, Editora Globo, n. 787, 24/jun./2013, p. 82.
3. Pesquisa IBOPE (20/jun./2013).
4. Pesquisa IBOPE (26/jun./2013). A amostragem pode ter registrado a participação de integrantes dos grupos que praticaram vandalismo na pesquisa.
5. Pesquisa IBOPE (20/jun./2013).
6. O Projeto PEC 37, de autoria do deputado Lourival Mendes (PTdoB–MA), foi vetado pela Câmara dos Deputados. Ele atribuía exclusividade às polícias Civil e Federal na competência para apuração criminal, retirando o poder de investigação do Ministério Público. O Projeto Cura-gay, apoiado pelo deputado Marco Feliciano (PSC), presidente da Comissão de Direitos Humanos e Minorias, foi arquivado. Esse projeto definia que a opção homossexual seria entendida como condição patológica e tratada com orientação sexual por psicólogos.
7. Portal G1. Disponível em http://g1.globo.com/brasil/protestos-2013/infografico/platb/. Acesso em 15/jun./2013.
8. Informações compartilhadas amplamente em diversos meios e redes sociais.
9. Revista Época, Editora Globo, n. 787, 24/jun./ 2013, p. 83.
10. IBOPE, 18/jun./2013. Disponível em http://www.ibope.com.br/pt-br/noticias/viPaginas/72-dos-internautas-estao-de-acordo-com-as-manifestacoes-publicas.aspx. Acesso em 18/jun./2013.
11. SANTOS, Jucélia Bispo. *Bauman: Modernidade e Consequências da Globalização*. Resenha recebida em 29/jun./2011, aprovada em 15/set./2011. Disponível em http://www.reid.org.br/arquivos/00000286-11-jucelia_reid-11.pdf. Acesso em 22/jun./2013.
12. FERNANDES, Edson e LACERDA, Margareth Moura. *Sem filhos por opção*. São Paulo, Editora NVersos, 2012. O percentual de casais sem filhos no Brasil, em 2012, era de 20,2% com relação aos 57 milhões de lares brasileiros; dados levantados pelo Instituto Brasileiro de Geografia e Estatística.
13. Revista Época, Editora Globo, n. 789, 08/jun./ 2013, p. 60-64.
14. Revista Época, Editora Globo, n. 789, 08/jun./2013, p. 48.
15. Deleuze, Gilles e Guattari, Félix. *O que é a filosofia?* Rio de Janeiro, Editora 34, 1992, p. 55.
16. Deleuze, Gilles e Guattari, Félix. *Mil platôs vol. 5*. Rio de Janeiro, Editora 34, 2007, pp. 39-56.
17. FERNANDES, Edson. *Imaginário da cibercultura e territórios mitológicos da grande mãe web*. Tese de doutorado, PUC-SP, São Paulo, 2005.

18. Revista Época, Editora Globo n. 787, 24/jun./ 2013, p. 56.
19. Pesquisa realizada pela Ideas Scup. Disponível em http://ideas.scup.com/pt/especiais/a-semana-em-protestos-dados-das-midias-sociais/. Acesso em 23/jun./2013.
20. Dados publicados pelo site Info Abril, 2013. Disponível em http://info.abril.com.br/noticias/internet/2013/06/protestos-geram-mais-de-550-mil-publicacoes-em-redes-sociais.shtml. Acesso em 23.06.2013.
21. Dados publicados pelo site Info Abril. Disponível em http://info.abril.com.br/noticias/internet/2013/06/protestos-geram-mais-de-550-mil-publicacoes-em-redes-sociais.shtml. Acesso em 23/jun./2013.
22. Revista Época, Editora Globo, n. 787, 24.06.2013, p. 52.
23. Revista Veja, Editora Abril, n. 26, 03/jun./2013, p. 69.
24. Pesquisa IBOPE, 20/jun./2013.
25. Pesquisa IBOPE, 20/jun./2013.
26. Revista Época, Editora Globo, n. 789, 08/jun./2013, pp. 56-57.
27. JUNIOR, Cirilo. IBGE – *Acesso à internet cresce mais entre os mais idosos*. Disponível em http://tecnologia.terra.com.br/internet/ibge-acesso-a-internet-cresce-mais-entre-os-mais-idosos,a41b02010f9ae310VgnVCM3000009acceb0aRCRD.html. 16/mai./2013. Acesso em 22/jun./2013.
28. JÚNIOR, Eliseu Barreira. *O perfil dos manifestantes no Facebook*. Disponível em http://ideas.scup.com/pt/o-monitor/o-perfil-dos-manifestantes-no-facebook/. Acesso em 28/jun./2013.
29. Idem.
30. Idem.
31. FERNANDES, Edson e LACERDA, Margareth de Moura. *Sem filhos por opção*. São Paulo, Editora NVersos, 2012.
32. Pesquisa IBOPE, realizada em 20 de junho de 2013. Disponível em http://www.ibope.com.br/pt-br/noticias/Paginas/89-dos-manifestantes-n%C3%A3o-se-sentem-representados-por-partidos.aspx. Acesso em 28/jun./2013.
33. Pesquisa IBOPE, realizada em 20 de junho de 2013. Disponível em http://www.ibope.com.br/pt-br/noticias/Paginas/89-dos-manifestantes-n%C3%A3o-se-sentem-representados-por-partidos.aspx. Acesso em 28/jun./2013.
34. JÚNIOR, Eliseu Barreira. O perfil dos manifestantes no Facebook. Disponível em http://ideas.scup.com/pt/o-monitor/o-perfil-dos-manifestantes-no-facebook/ Acesso em 28 junho 2013.
35. CASTELLS, Manuel. *A era da Informação – A sociedade em rede, vol. 1*. São Paulo, Paz e Terra, 1999.
36. REIS, Elias Pereira. *Processos e escolhas: estudos de sociologia política*. Rio de Janeiro, Contracapa, 1998, pp. 67-90. NUNES, Edson. *A gramática política do Brasil: Clientelismo e insulamento burocrático*. 3ª ed. Rio de Janeiro, Jorge Zahar Editor, 2003.
37. Cf. Nunes, 2003: pp. 15-46.
38. COIMBRA, Cecília Maria Bouças. *Tortura ontem e hoje: resgatando uma certa história*. Psicologia em Estudo, Maringá, v. 6, n. 2, pp. 11-19, jul./dez.2001.
39. O chamado ABC paulista é formado pelas cidades de Santo André, São Bernardo e São Caetano — berço industrial que projetou nacionalmente o ex-presidente Luís Inácio Lula da Silva. Em 1978, ocorreu uma greve histórica sob a liderança do então sindicalista Lula.

40 Partido Democrático Social (PDS), Partido do Movimento Democrático Brasileiro (PMDB), Partido Trabalhista Brasileiro (PTB), Partido Democrático Trabalhista (PDT) e Partido dos Trabalhadores (PT).

41 Dados fornecidos pela Organização para a Cooperação e o Desenvolvimento Econômico (2010).

42 Cf. http://www.pnud.org.br/Noticia.aspx?id=2583. Acesso em 3/jul./2013.

43 Idem.

44 Fábio de Sá e Silva, «Santos, Boaventura de Sousa, *Para uma revolução democrática da justiça*», *Revista Crítica de Ciências Sociais* [Online], 78 | 2007, colocado online no dia 1 Outubro 2012, criado o 18 Julho 2013. URL: http://rccs.revues.org/765.

45 Revista Isto É. Editora Três, n. 2277, 10/jul./2013, p. 10.

46 Ocorrida em 18 de junho de 2013.

47 WEBER, Max. *Ciência e política: duas vocações*. São Paulo, Martin Claret, 2002.

48 BOBBIO, Norberto. *Direita e esquerda: razões e significados de uma distinção política*. 2ª. Ed. revista e ampliada, São Paulo: Editora UNESP, 2001.

49 SANTOS, Boaventura de Sousa. *A gramática do tempo: para uma nova cultura política*. Editora Cortez. 2006.

50 ARISTÓTELES. *Política. Cap. I. Livro*. PESSANHA, José A. Motta (org.). São Paulo, Abril Cultural, 1979.

51 HEGEL, Georg W. F. *Fenomenologia do Espírito*. São Paulo, Abril Cultural, 1980.

52 CASTELLS, Manuel. Carta Capital. In: http://www.fronteirasdopensamento.com.br/canal-fronteiras/entrevistas/?16%2C68&fb_action_ids=390937757684113&fb_action_types=og.recommends&fb_source=other_multiline&action_object_map=%5B388822664571529%5D&action_type_map=%5B%22og.recommends%22%5D&action_ref_map=%5B%5D. Acesso em 03/jul./2013.

53 Correio Braziliense. Disponível em http://www.correiobraziliense.com.br/app/noticia/brasil/2013/07/03/interna_brasil,374944/medicos-fechado pm-a-avenida-paulista-em-protesto-contra-medicos-estrangeiros.shtml. Acesso em 03/jul./2013.

54 Revista Isto É. Editora Três, São Paulo, n. 2277, 10/jul./2013, pp. 43-45.

55 MÈSZÁROS, István. *O poder da ideologia*. Trad. Paulo César Castanheira, São Paulo: Bomtempo Editorial, 2004.

56 Idem.

57 BAUMAN, Zygmunt. *Modernidade Líquida*. Trad. Plínio Dentzien. Rio de Janeiro: Zahar, 2003.

58 SOUZA, S.A.F. *As redes sociais e a liquidez na Sociedade 140 bytes: sob os olhos da Coruja de Minerva*. 29/out./2009. Disponível em http://www.sergiofreire.com.br/academicos/redessociais140bytes.pdf. Acesso 10/jun./2013.

59 FERNANDES, Edson. *Imaginário da cibercultura e territórios mitológicos da grande mãe web*. Tese de doutorado, PUC-SP, São Paulo, 2005, p. 158.

60 CASTELLS, Manuel. *A era da Informação – A sociedade em rede vol.1*. São Paulo, Paz e Terra, 1999.

61 SOUZA, S.A.F. *As redes sociais e a liquidez na Sociedade 140 bytes: sob os olhos da Coruja de Minerva*. Op. Cit.